GUIDE

DE LA

CONVERSATION

FRANÇAIS-VOLOF

SAINT JOSEPH DE NGASOBIL

MISSION CATHOLIQUE

1907

GUIDE

DE LA CONVERSATION

GUIDE

DE LA

CONVERSATION

FRANÇAIS-VOLOF

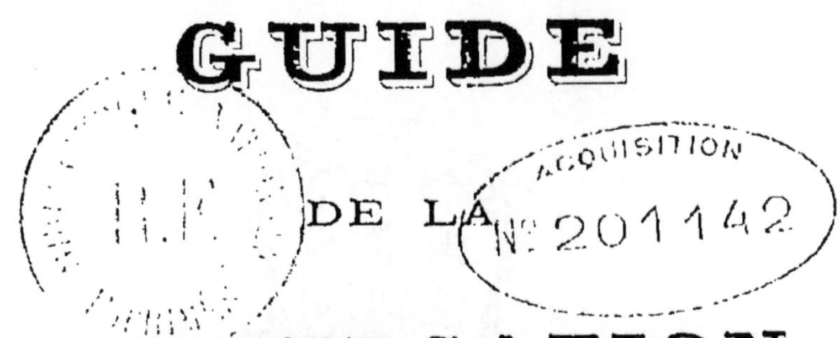

SAINT JOSEPH DE NGASOBIL

MISSION CATHOLIQUE

1907

Imprimatur :

Saint Joseph de Ngasobil, le 6 Octobre 1907.

✝ ALPHONSE KUNEMANN,
ÉVÊQUE DE PELLA,
Vicaire apost. de la Sénégambie.

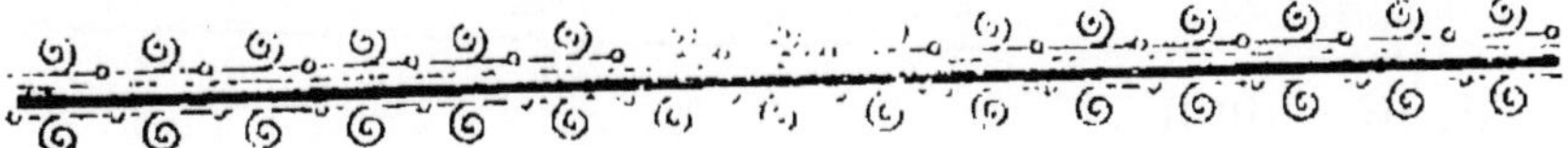

ÉLÉMENTS

DE GRAMMAIRE VOLOFE

ALPHABET.

A, a   comme en français.
Â, â   long, comme en français.
B, b   comme en français.
D, d   comme en français.
D, d   comme *di* dans *diantre*.
E, e   comme *e* muet en français.
É, é   fermé et bref.
È, è   ouvert et bref.
Ê, ê   ouvert et long.
F, f   comme en français.
G, g   toujours dur comme dans *gaz*.
G, g   son guttural comme *ng* en Anglais dans
       (*young* et en Allemand dans *bringen*.)
H, h   toujours fortement aspiré.
I, i   comme en français.
Î, î   idem, long.
K, k   comme en français.
L, l   idem.

M, m idem.
N, n idem.
Ñ, ñ comme en français *gn* dans *agneau.*
O, o comme en français.
Ô, ô idem, long.
P, p comme en français.
R, r comme en français.
S, s, idem, n'a jamais le son de *z.*
T, t, comme en français.
T, t, même son que *d* mais dur, *tiers.*
U, u, comme en italien et en allemand, com-
Û, û idem, long.   (me *ou* en français.
V, v comme en français.
Y, y comme en français dans le mot *yacht.*

Observations.

1 On prononce toutes les lettres.

2. Chaque lettre conserve toujours dans les mots, la valeur qu'elle a isolément dans l'alphabet.

3. Cependant, les lettres M et N devant une autre consonne, et au commencement d'un mot, ne doivent pas être prononcées comme des consonnes distinctes ; elles indiquent seulement que la consonne suivante doit se prononcer du nez.

4. Quand une voyelle s'élide, elle est remplacée par l'apostrophe.

5. L'accent circonflexe est souvent le signe d'une contraction.

6. Il est utile de se rappeler que la prononciation de bon nombre de mots varie ou se nuance diversement, suivant les différents idiomes de la même langue.

7. Il arrive aussi, comme en français d'ailleurs, que la même voyelle radicale est différemment accentuée : l'usage est le meilleur guide. — En français on dit : *régler*, *je règle*; en volof *dénda* ou *dènda*.

8. Les groupes *an*, *am*; *en*, *em*; *on*, *om*; suivis d'une consonne faisant elle-même partie du radical se prononcent respectivement comme les diphtongues françaises *an*, *in*, *on* très nasalisées : *ranga*, *sampa*; *engu*, *demba*; *tonka*, *dompa*.

9. Il n'y a pas d'accent tonique; les contractions de voyelles s'apprennent par l'usage.

SUBSTANTIF.

Il n'y a pas de genres à proprement parler en volof. Ainsi le mot *dôm* veut dire
aussi bien *fille* que *fils*; si l'on veut préciser
le sexe, on ajoute l'un des mots *gör*, *mâle*,
ou *digèn*, *femelle*, à la suite de l'article qui
suit le substantif; *dom du gör*, *garçon*.

Quelques noms, très rares, changent leurs
initiales au pluriel. Ex.: *lef*, chose; pluriel:
yef; en règle générale, tous les mots sont
invariables, excepté l'article et les pronoms
qui en dérivent.

DÉTERMINATIFS.

RAPPORTS DE DÉTERMINATION.

L'article indéfini est si peu employé qu'il
est inutile d'en parler dans ce précis de
grammaire volofe.

Tout substantif employé sans article est de
ce fait pris dans un sens indéterminé; *fas*,
un cheval.

** * **

L'article défini est formé d'une des
huit consonnes initiales suivantes: *b, d, g,*

k, l, m, s, v: et de l'une des voyelles finales *a, i, u*. Ex.: *ba, bi, bu; ma, mi, mu.*

La consonne initiale est déterminée par l'usage pour chaque substantif; la voyelle finale varie avec le degré de détermination que l'on a en vue: *a*, sens général; *i*, sens très précis; *u*, sens très vague. *Bay ba*, le père; *bay bi*, le père, (de cet enfant); *bay bu*, le père, (génériquement).

Au pluriel, la consonne initiale est *y*, excepté pour les substantifs dont l'article singulier est *k*; ceux-ci prennent *ñ* au pluriel.

Ex.: *tol ba*, le jardin; *tol ya*, les jardins.

nit ki, l'homme; *nit ña*, les hommes.

L'article se place après le substantif.

***

En ajoutant le suffixe *lé* à l'article défini, on obtient l'article démonstratif.

tol ba, le jardin; *tol balé*, ce jardin là.

fas vi, le cheval; *fas vilé*, ce cheval ci.

L'article défini et l'article démonstratif font aussi fonction de pronom relatif en même temps que d'articles.

fas vi dav, le cheval qui court.

fas vilé dav, ce cheval qui court.

L'article défini a quelques formes emphatiques très employées : *boba, bobu ; goga, gogu ; lola, lolu* etc.; L'article démonstratif prend les formes correspondantes : *bobalé, bobulé ; lolalé, lolulé ; sosalé, sosulé ;* etc.

L'article et le pronom interrogatifs se forment de l'article défini en changeant la voyelle finale en *an.*

> quelle maison, *gan ker?*
> le cheval de qui, *fas u kan ?*

L'adjectif qualificatif suit le nom ou le pronom auquel il se rapporte ; il est invariable. L'article défini employé avec la voyelle finale *u* est intercalé entre les deux ; l'article suit l'adjectif.

le beau champ,	*tol bu rafèt ba.*
un beau champ,	*tol bu rafèt.*
les beaux champs,	*tol yu rafèt yi.*

RAPPORTS DE POSSESSION.

Le rapport de possession, d'origine, de matière ou de dépendance s'exprime en volof par par la lettre *u* suivie ou non d'une consonne euphonique et placée entre les deux substantifs.

Si le premier nom est au pluriel *u* est remplacé par *i*; parfois ces voyelles s'élident.

tol u bur ba, le champ du roi.
tol u bur ya, le champ des rois.
tol i bur ba, les champs du roi.
tol i bur ya, les champs des rois.

* * *

L'adjectif possessif précède toujours son substantif, excepté à la 3ᵐᵉ personne du sing.

suma, mon, ma. *sunu*, notre.
sa, ton, ta. *sën*, votre.
…am, son, sa. *sèn*, leur.
suma bay, mon père. *èt am*, sa canne.
sa i tanka, sa tanka ya. les pieds
i bet am, bet am ya, ses yeux.

* * *

Le pronom possessif est composé de l'adjectif possessif et de la particule *bos*, pluriel *yos*.
suma bos, le mien ; *sa yos*, les tiens.

NOMS DE NOMBRE.

La numération d'abord quinaire devient ensuite décimale. Le nombre cardinal au dessous de 10 précède le substantif; au dessus de 10 les dizaines seules le précèdent.

deux hommes, *ñar i nit*;
douze chevaux, *fuk i fas ak ñar*.

Le nombre ordinal se forme en ajoutant *èl* au nombre cardinal ; au dessus de 10, le suffixe *èl* s'ajoute à *fuka* seulement.

le cinquième bateau, *duromèl u gal ga,*

le onzième arbre, *fukèl u garap ga'k bèna.*

Les nombres ordinaux prennent l'article quand ils sont pronoms : le troisième, *ñètèl bà.*

* * *

CONJUGAISON.

La conjugaison volofe n'a qu'une seule forme qui consiste dans l'adjonction au mot verbal invariable, de pronoms personnels sujets et de particules de modes ou de temps.

Pronoms pers. sujets de toute la conjug.

1re pers. sing. *ma*   1re pers. pluriel *nu*

2me — *nga*   2me — *ngën*

3me — *mu*   3me — *ñu*

Pronoms personnels isolés.

man, moi ;   *yov,* toi ;   *mòm,* lui, elle,

nu, nous ;   *yën,* vous ;   *ñòm,* eux, elles.

Ces pronoms prennent, selon les modes, des formes un peu différentes par suite de leurs combinaisons avec les particules modales.

Voici cependant quelques contractions très
fréquentes et difficiles à analyser :

lul pour *lu dul*   *sô* pour *su nga*
bô — *bu nga*   *fô* — *fu nga*
dâ — *da nga*   *lô* — *lu nga*
dô — *du la* ou *du nga*   *yâ* — *you a.*

Pronoms personnels compléments.

ma, moi ; *la,* toi ; *ko,* lui, elle, le.
nu, nous ; *lèn,* vous ; *lèn,* eux, elles, les.

Le négatif des verbes s'exprime par le suffixe
ul ajouté au mot verbal ou combiné avec la
particule de mode.

La conjugaison n'a pas de forme passive
en volof ; si le verbe n'a pas par lui-même
un sens passif, on tourne la phrase dans un
sens actif. Ex. : J'ai été frappé, traduisez,
ils m'ont frappé, *dor nañu ma.*

La langue volofe est très riche en suffixes
employés pour former des verbes dérivés.
L'usage les apprend peu à peu.

Tout adjectif qualificatif est adjectif verbal
et se conjugue comme tel. *Rafèt na.* il est beau.

NOTES SUR LA SYNTAXE.

La phrase volofe correspond souvent à la phrase française quant à la place des membres de la proposition.

you là gis on.
c'est toi que j'avais vu.

mà di ko dèf.
c'est moi qui le ferai.

su ma ko dèfé.
si je le fais.

da ma ko déf.
c'est que je le fais

di nâ ko ko vah.
je le lui dirai.

vah ko ko.
dis le lui.

vah ko mu ñev.
dites-lui qu'il vienne.

Pèr sopa na fas.
Pierre aime le cheval.

di nâ la may lilé.
je te donnerai cela.

var nâ fas vi nga ma may.
j'ai monté le cheval que tu m'as donné.

Mais dans une proposition conditionnelle commençant par *su, bu,* le pronom personnel régime se place avant le sujet substantif.

Les particules prépositives, *fi, fa, fu; ni, na, nu; ti, ta, tu,* suivent la même règle.

su ko Yalla begé.
si Dieu le veut.

bu nu ko Yalla mayé.
quand Dieu nous l'accordera

L'impératif suivi d'un complément pronom personnel perd sa finale *al: may ma.* donne-moi.

Les participes présent et passé, l'infinitif passé manquent en volof: on les traduit par un mode personnel.

ba nu gaèndé gisé........
le lion nous apercevant.......
ba nu fa bayako, nu aga...........
partis de là, nous arrivâmes........

Le verbe régit par les conjonctions *su, bu,* ou accompagné d'un complément circonstantiel (lieu, temps, manière) prend la finale *é.*

sô ko dèfé;   *bum la ñu ko eré.*
si tu le fais :   c'est avec des cordes qu'on
                                   l'a lié.

On se sert fréquemment dans la conversation de locutions verbales formées par le verbe *né* suivi d'une particule qui souvent n'a pas de sens par elle-même.

né gurup,   se laisser choir
né ñokèt,   se lever subitement
né tas,   escamoter
né babit,   s'esquiver.

Les tournures comparatives françaises : valoir mieux, être plus ... etc., se traduisent en volof par le verbe circonstantiel *gen* ou par un équivalant.

être plus grand.   *gen a guda.*
n'être pas plus long. *genul a guda.*

Le superlatif des adjectifs qualificatifs se rend aussi par le verbe *gen, sut, épa,* etc.; mais souvent il est exprimé par une particule spéciale à chaque adjectif.

il est le meilleur père, *mó di bay ba gen a bâh.*

très rouge,	*houha toy.*
très froid,	*séda guy.*
très droit,	*dub hod.*

Abréviations des articles rolofs.

b.	pour	*ba ;*	Ex.	*bur ba.*
d.	—	*da*	—	*dóm da.*
g.	—	*ga*	—	*ker ga.*
k.	—	*ka*	—	*kef ka.*
l.	—	*la*	—	*ndə la.*
m.	—	*ma*	—	*ndoh ma.*
ñ.	—	*ña*	—	*nit ña.*
s.	—	*sa*	—	*safara sa.*
v.	—	*va*	—	*van va.*
y	—	*ya*	—	*nak ya.*

VOCABULAIRE

FRANÇAIS	VOLOF
Corps célestes.	**Mbindafun u asaman.**
Le ciel, les cieux.	Aldana d. , Asaman s.
céleste.	lu deka ti aldana, ti
Le firmament.	Asaman si. (asaman.
Un astre.	Bidév b.
le cours des astres.	doh u bidév yi.
Le soleil.	Dènta b.
un rayon du soleil.	tèñèr, dalam u dènta.
disque du soleil.	mèrgèl u dènta bi.
lever du soleil.	fènké' dènta bi.
coucher du soleil.	so, lab u dènta.
solaire.	lu mòmu ti dènta bi.
se lever, se coucher.	fènka, so.
La lune.	Vêr vi.
un rayon lunaire.	tèñèr, dalam u vêr v.
nouvelle lune.	tèruté' vêr vi.
le croissant.	vêr vu ndav.
le déclin.	ndèlè'l vêr vi.
pleine lune.	tàvlu'g lendem.

Français	Volof
premier quartier.	Vêr vu ndav.
dernier quartier.	Vêr vu mel.
clair de lune.	Lêr u vêr vi.
Une étoile.	Bidév bi.
étoile fixe.	Bidév bu tabav, ses.
étoile errante.	Bidév bu di ver.
étoile polaire.	Bidév u gop.
étoile filante.	Bidév bu faba.
Une comète.	Bidév ab gên.

Corps terrestres.

Ti suf si.

Le sel.	Horom s., sohmâl.
salin.	lu boromé.
L'eau.	Ndoh m.
aqueux, se.	lu baré ndoh.
L'air.	Mpèh m., asaman s.
La terre.	Suf si.

Phénomènes.

Lu di fêñ.

L'arc-en-ciel.	Hon vi,
ses couleurs.	mèlô'm yi.
Une bourrasque.	Ntalavèr b.
Une brise.	Gïl' gèt.
Un brouillard.	Salamir s.
Un temps brumeux.	Til g.
Un temps calme.	Ngélav lu ñaka, lu dal.
La chaleur.	Tangay b.
chaud.	tanga.

chauffer.	Tangal.
se chauffer.	daru.
Un déluge.	Tufan l.
Un éclair.	Mëlah b.
éclairer.	mëlahal, mëlah.
Éclipse.	Dapa d. mûr b.
s'éclipser.	dapa, mûru.
Une étincelle.	Mërñënt b.
étinceler.	mëlah, ténër.
étincelant.	lu di mëlah, lu né nañ.
Le feu.	Safara s.
La flamme.	Takataka b.
la braise.	hal v.
la cendre.	döm i tal.
le charbon.	keriñ g.
un tison.	gilinta b.
allumer.	tâl.
flamber.	taka.
comsumer, brûler.	laka, hemal.
éteindre.	fëy.
s'allumer.	taka.
s'éteindre.	fëy.
La foudre.	Denu bi.
frappé de la foudre.	ku denu bi dal.
Le froid.	Liv b., sèda bi.
froid âpre.	sèda guy.
froid piquant.	sèda bu di damé.
les grands froids.	liv bu méti, séda bu
il fait froid.	défa liv, séda. (méti
j'ai froid.	liv nâ.
La fumée.	Sahâr si.
fumeux.	Sahâré.
fumer.	Sahâr, sahâral.

Français	Volof
La suie.	Banhanôs. b.
La fusion.	Reyay b. sêy b.
La germination	Sahay g. , ñahté g.
germer.	sah.
La grêle.	Yûr g.
grêler.	tav yûr.
La lumière.	Lêr g.
Une lueur.	Hoy g.
La clarté.	Lêray g.
L'éclat.	Mèlahay g.
lumineux.	ʻlu di lêr.
brillant.	lu di mèlah.
briller.	mèlah, tastasi.
éclairer.	lêral, nîtal.
luire, reluire.	hoy. mèlah, tastasi.
Un nuage.	Nîr v.
nuageux.	baré nir. hîn.
L'obscurité.	Lendem g.
obscur.	lendem, tîm.
obscurcir.	lendemal, tîmal.
L'ombre.	Nkêr g. kèndar g.
Un orage.	Hîn v.
orageux.	lu hîn.
Un ouragan.	Ngélâné l.
La pluie.	Tav b.
Une bruine.	Vis b.
pluvieux.	baré tav.
pleuvoir, il pleut.	tav, mungê tav.
bruiner, il bruine.	vis, mungê vis.
La rosée.	Layi b,
Une tempête.	Talavèr b. , ngélâné l.
Le temps est beau.	Äsaman si rafèt na.
— chaud.	— tanga na.

Français	Volof
Le temps est clair.	Asaman si sét na.
— couvert.	— til na.
— doux.	Bés i téy bi nèh na.
— frais.	— féh na.
— froid.	— liv na, sèda na.
— humide.	— dèfa sempesuy.
— nébuleux.	— dèfa hîn.
— orageux.	— dèfa ngéláné.
— pluvieux.	— dèfa baré tav.
— sec.	— vov na.
— serein.	— sét na.
— sombre.	téy tîm na.
Aérer, rafraîchir.	féhal.
prendre l'air.	féhlu.
Les ténèbres.	Lendem g. , tîm g.
Un tourbillon.	Talavèr g.
Le tonnerre,	Denu b., kadu g.
tonner.	denu, kadu.
Tremblement de terre.	Yeng'u sûf.
La végétation.	Sahté g.
végéter.	sah.
Le vent.	Ngélav l. , vol g.
— du nord.	Farahan v., sarang v.
— du sud.	Sambarah s.
Vent doux.	Ngélav lu èm.
— favorable.	— lu nèh.
— contraire.	— i bopa, nahari.
— frais.	— lu féh.
Grand vent.	— lu méti.
venter.	ngélav.
Vent d'ouest.	Gil' gël.
— d'est.	Mbóyo m.
— du nord-est.	Vol g.
— du nord-ouest.	Gil ganar.

Saisons.	Damano.
Le printemps.	Toron d.
été.	navél b.
automne.	loli b.
hiver.	nôr b.

Jours.	Fan yi.
Lundi.	Altiné d.
Mardi.	Talata d.
Mercredi.	Alarba d.
Jeudi.	Alhamès d.
Vendredi.	Alduma d.
Samedi.	Asèr d,
Dimanche.	Dibër d.

Division du temps.	Had i damano di.
Un an.	Bèna at.
annuel.	lu di hév at mu néka.
Un mois.	Bèna vêr.
mensuel.	lu di am vêr vu néka.
Une semaine.	Gír u bès, ay u bès.
hebdomadaire.	lu di am ay u bès bu (nèka.
Un jour, une journée.	Bèna bès, bèna belok.
— ouvrable.	bès bu ñu men a ligéy
— de fête.	bès i hèvté, bès i fêt.
— gras.	bès bu lèkayapa ayul.

Un jour maigre.	bès bu léka yapa ây.
— de jeûne.	bès i kôr.
— quotidien.	bès-o-bès, ber bu sét.
Une heure.	Bèna vahtu.
Demi-heure.	Gèna val' i vahtu.
Une heure et demie.	Vahtô'k gèna vala.
Un quart d'heure.	Fuk'i minit ak durom.
L'aube, l'aurore,	Fadar g. mbirit m.
Au point du jour.	Su ber di sét.
Le crépuscule du matin.	Suba s.
Le lever du soleil.	Fènké' dènta bi.
Le matin.	Lelek s., suba s.
La matinée.	Lelek si.
matinal.	ku hèysi, lu tél.
grand, bon matin.	lelek tél, suba tuy.
partir de t.-g. matin.	ndélu.
partir de grand matin.	hèy, hèyu.
arriver. — —	hèysi.
— en retard le matin.	nadé.
L'heure de 10 à midi.	Yôryor.
Midi, milieu du jour.	Ndolôr, dig'i ndolôr.
Après midi.	Gènav belek.
— de 2 à 4 heures.	Tisbâr b.
— de 4 au couch. du sol.	Takusân b.
Le coucher du soleil.	So, lab u dènta bi.
Le crépuscule du soir.	Marab g., timis g.
Le soir, la soirée.	Ngôn g.
Voyager le soir.	Gônâté.
La nuit.	Gudi g.
il fait nuit.	gudi na.
être en retard la nuit.	gudé.
de nuit.	ti gudi.
voyag. pend. la nuit.	rañân.

Le voyageur de nuit.	Rañânkat b.
Minuit.	Dig' i gudi, suf sédé.
Oiseau nocturne.	Mpil ' i gudi.
Au chant du coq,	Ti sab 'ganar.
A l'heure du pilage.	Ti ndèl.
Hier.	Dèmba.
La veille.	Ngomar g., ngomal. g.
Aujourd'hui.	Tèy, bés i téy bi.
Avant- hier.	Berka-d èmba.
Demain.	Elek.
Le lendemain.	Bès ba ta topa.
Après demain.	Gènav elek.

Division géographique — Had u suf si.

Le globe de la terre.	Mereg u suf si.
L'équateur.	Dogalé' suf si.
Le nord, septentrion.	Gop b.
septentrional.	lu fèlô'k gop.
L'est, l'orient.	Pènku b.
oriental.	lu fèlô'k pènku.
Le sud.	Galandu b.
méridional.	lu fèlô'k galandu.
L'ouest.	Sovu b.
occidental.	lu fèlô'k sovu.
Un continent.	Dèri d.
continental.	lu boka ti dèri.
Une plaine.	Dôr d.
Une vallée.	Har v.
Une lande.	Salèñ s.
Une butte, un tertre.	Van g., tangor d.
Une colline.	Tunda vu tùt.

Une montagne.	Tunda vu kové.
le sommet, la cime.	tat u tunda.
la pente, le penchant.	mbaré, mbartalu m.
une chaine de mont.	tunda vu tahö.
montagneux.	baré tunda.
Un volcan.	Tund'u safara.
Un abîme sans fond.	Mbambulan m.
Un cap.	Ponta b.
Une île.	Dun v.
insulaire.	ku deka ti dun.
La côte, les côtes.	Biti b.
La rive, les bords.	Téfès g., téru g.
Un roc, un rocher.	Dot v.
Un écueil.	Dot la gët.
Un banc de sable.	Bang b.
Un désert.	Manding m.

Substances minérales.

Li nó gas.

Pierres précieuses.	Hër yu dafé ndég.
La couche.	Langa b., lalu.
Un lingot.	Dond' i véñ
L'acier.	Véñ gu ñu nandal.
La trempe.	Nandal g.
tremper.	nandal.
L'argent.	Hâlis b.
Le charbon de terre.	Keriñ u sûf g.
Le cuivre.	Handar d.
L'étain.	Bétéh bu gör.
Le fer.	Véñ g.
ferrugineux.	lu boka ti véñ.
Le laiton.	Perem b.

Une mine de fer.	Mpah i vèñ m.
L'or.	Vurus v.
La pierre.	Hèr v., doṭ v.
Le plomb.	Bétéh b.
Le sable.	Salèñ s.
sablonneux.	baré salèñ.
sablonnière.	mpah i saléñ.
Le sel.	Horom s., sohmat s.
Le soufre.	Tamrah b.
Le tripoli.	Bau b.

Végétaux. — Ntahin.

Le mil.	Dugup ḍ.
— petit sans barbe.	sùna s.
— petit avec barbe.	sâño s.
gros mil.	basi b.
très-gros.	ndabmat l.
moins gros.	diṭiñ ḍ.
Céréales.	Pépa b.
Le foin.	Bôb b.
faire du foin.	bôb.
L'arachide.	Gèrté g., arëu ḍ.
Le haricot.	Ñébé ḍ., seb s.
paille d'arachide.	ngoñ m.
L'herbe.	Ñah m.
Le maïs.	Mboha m., makandé m.
Le riz.	Mâlo m., ṭéb ḍ.
Le baobab.	Guy g.
feuille du baobab.	lâlo b.
Le dattier.	Tandarma g.
Le figuier.	Bol g., soto s.

Le mûrier.	Sanda s.
Le palmier.	Tïr g.
Arbres de haute futaie.	Hay g.
	Mbul m.
	Alom d.
	Volo g., retreb g.
	Vên g.
Le tamarinier.	Dahar g.
Le fromager.	Béntéñg g.
Encens, arbre à encens.	Santang g., amunginé G.
Le rondier.	Ron g.
	Dimba g.
Le manguier.	Mango b.
Espèce de cérisier.	Hévèr d.
Le citronnier	Limong g.
L'oranger.	Sorans g.
Arbres fruitiers à l'état	Sôb g.
sauvage.	Tol b.
	Mada g.
	Hel g.
	Ul g.
	Ngoloñ m.
	Digor d.
Le basilic.	Lebaleb g.
Le thé.	Dulé d.
La canne à sucre	Bant'i sukar b.
L'épine.	Dèk b.
Le roseau.	Sonko b.
L'arachis.	Gèrté g.
L'ananas.	Sanana s.
Le goyavier.	Guab g.
Le citron.	Limong d,
L'orange.	Sorans d.

	Ditah ḍ.
	Danba ḍ.
	Név ḍ.
Les épinards.	Mbûm m.
Le melon.	Hal g., ḍombos ḍ.
L'oignon.	Soblèt s.
L'oseille.	Bisab b.
La réglisse.	Garap i soṭ b.
Le tabac.	Tamáka g.. sumbu.
La graine, semence.	Diu v.
La sève.	Mén m., ndòyndòy m.
La racine.	Rèn b.
Le tronc.	Yaram u garap g.
La tige.	Gitah g.
Le bois de chauffage.	Mata m.
— de construction.	Banta b.
La planche.	Hanba b.
L'écorce.	Has g., hanṭa b.
Le nœud.	Ponka b., poka b.
Le bourgeon.	Méñèt b.
Le rejeton.	Sahit v.
La branche.	Banhas b.
— de palmier.	Banhas u tír b.
— de palmier nain.	Sôrsôr m.
— de rondier.	Ranga v.
Le rameau.	Banhas bu nóy.
La fleur.	Törtör b.
La feuille.	Hob b.
Le fruit.	Dôm ḍ., méñèt ḍ.
La chair, la pulpe.	Ñam v.
L'épi.	Gub v.
Boîte de mil servant de	Sabar b.
Poignée de mil – mesure.	Dapa b.

La grappe.	Taba b., tèga b., gonța b.
Cire brute.	Hep v.
Un régime	Vên v.
Fruit de palme.	Kâm g.
La gomme.	Dakândé ḑ.
L'huile.	Divlîn ḑ.
Beurre végétal de Ga- (lam.	Div u Ngalam.
Huile médicinale.	Tulukûna ḑ.
Le miel.	Lèm g.

Eau.

Ndoh.

Eau.	Ndoh m.
— claire.	— mu sèt.
— douce.	— nêh.
— de source.	— mu di nata.
— trouble.	— mu lenḑa.
— naturelle.	— mu ñul.
— de mer.	Mbêh m.
— saumâtre.	Hormbêt m.
Un étang.	Dêg h
Un fleuve.	Dêh g.
Un marigot.	Kala. g.
Les flots.	Dûs v., ginah g.
Une fontaine.	Tên b.
Le flux.	Mpôsé b.
La mer.	Cêt g.
la mer monte.	gêt ga' ngô fôs.
Le puits.	Tên b.
Une source.	Bet i tên b.
Le torrent.	Davlef b.
Les vagues.	Dûs v., génâh y.

Le reflux.	Mpéré b.
La mer descend.	Gël gâ'ngô fèr.
La marée est haute.	Mpèsé bi dad na.
— est basse.	Mpéré bi dad na.
Un lac.	Dëg bu réy.
Un golfe.	Golfa b.
Une mare.	Tâ i ndoh.
Un ruisseau.	Vayo g.

Genre humain. — Hêt u nit.

La race blanche.	Hêt gu vêh.
Un blanc.	Ku vêh.
Un européen.	Tubâb b.
La race noire.	Hêt gu ñûl.
Un nègre.	Nit ku ñûl.
— au teint clair.	Nit ku hês.
— — plus foncé.	Nit ku hèrêr.
Un homme, les hommes.	Nit k., nit ñ.
— par opp. à femme.	Gor g., gör ñ.
Une femme, les femmes.	Digèn d., digèn y.
Une femme mariée.	Digèn du séy.
Un enfant.	Halèl b.
— garçon.	— bu gör, far v.
— fille.	— bu digèn, danha b.
Un garçon, célibataire.	Gör gu séyul.
Un jeune homme.	Vahambané v.
Une jeune fille.	Danha b.
Une jeune femme.	Ñdav s.
Une femme mariée.	Dêk b.
Un vieillard.	Magèt b.
Un veuf.	Ku dabar am dë.

Français	Volof
Une veuve.	Dolin b.
— de mauvaise vie.	Taga d.
Un orphelin, e.	Bayo b.

Corps humain.

Yaram i nit.

Français	Volof
Une artère,	Sidit b.
Une articulation.	Tenho b.
La chair.	Sûb b.
Une glande.	Saga s.
Une jointure.	Tenho b.
Une membrane.	Dèr b., tangay b.
Un membre.	Ter b.
Un muscle.	Šûh b.
Un nerf.	Tás b.
Un os.	Yah b.
La moelle.	Yuha b.
La peau.	Dèr b.
Un poil.	Kavar g.
Un tendon.	Tás b.
L'aisselle.	Mpoholan b.
La barbe.	Sikim b.
barbu.	baré sikim.
Le bas-ventre.	Naha b.
La bouche.	Géméñ g.
Les boyaux.	Butit y.
Le bras.	Loho b.
Les bronches.	Tahoñ b.
La ceinture.	Lahasay b.
Le cerveau.	Yör g.
Le cheveu.	Kavar b.
La tresse.	Dimbi b.

être chevelu.	baré kavar.
Le cil.	Hêf b.
Le cœur.	Hol b.
La colonne vertébrale.	Yah i diga, ţirir b.
Une côte.	Fâr g.
Le côté.	Vêt g., falaré b.
Le cou.	Bât b.
Le coude.	Toñto b.
Le crâne.	Hot' i bopa b.
La cuisse.	Lupa b.
La dent.	Beñ b.
— canine.	Beñ bu sêla.
— incisive.	— rêy.
— molaire.	— dégét
— de lait.	beñ i balèl bu di mampa
Le doigt.	Bâram b.
le pouce.	— u dëy b.
l'index.	— dohoñ ba.
le doigt du milieu.	— diga bi.
l'annulaire.	— u tof u diga.
l'auriculaire.	— u sahaléñ.
La phalange.	Kèm g.
Le dos.	Génav g., doha g.
Les entrailles..	Butit yi
L'épaule.	Mbaga m.
L'estomac.	Bîr b. nav b.
La face.	Kanam g.
Les favoris.	Fâs yi.
Le fémur.	Yah i lupa b.
Les flancs.	Vêt yi.
Le foie.	Rês v.
Le front.	De b.
La gencive.	Nţiñ m.

Le genou.	Om b.
La gorge.	Bàt b., poroh b.
Le gosier.	Poroh b.
La hanche.	Pod b.
Les intestins.	Butit y.
La jambe.	Tanka b.
Le jarret.	Mpohotan i tanka.
La joue.	Leh b.
La langue.	Lameñ v.
Le larynx.	Mput m.
La lèvre.	Tuñ m.
— supérieure.	— u kov.
— inférieure.	— u sûf.
La mâchoire.	Gàm b., gâbàb b.
La main.	Loho b.
la paume.	bir' loho b.
le revers.	génav loho b.
le poing.	kamah b., ngeb v.
La mamelle.	Vên v.
Le menton.	Sikim b.
Le mollet.	Kalôr b., tëyé b.
Les moustaches.	Tukum b.
La narine.	Ñkan u bakan b.
Le nez.	Bakan b.
Le nombril.	Huta b.
La nuque.	Doha g.
L'occiput.	Ndong t.
L'œil.	Bet b.
la paupière.	hèf b.
la prunelle	pèr i bet.
L'omoplate.	Palang m.
L'ongle.	Vé v.
L'oreille.	Nopa b.

Français	Volof
Le tympan.	Borom nopa b.
Un orteil.	Baram ab dëy b.
Le palais.	Dënhalëm b.
Le pharynx.	Laméñ vu ndav v.
Le pied.	Tanka b.
le cou-de-pied.	kov' tanka b.
le talon.	téstën m.
la plante du pied.	degu' tanka b.
la cheville. —	bet ab tanka b
le tendon. —	tàs u téstën b.
Le poignet.	Tégha b.
La poitrine.	Dena b.
Le poumon.	Ferfer b.
La rate.	Gadâm g.
Les reins.	Ndiga y.
Les rognons.	Halas v.
La rotule.	Yah u ôm b.
Le squelette.	Yah u nën b.
La tempe.	Négkédém g.
La tête.	Bopa b.
Le tibia.	Yah u ël b.
Le ventre.	Bîr b.
La vertèbre.	Yah u tîrir b.
La vessie.	Puftën m.
Le visage.	Kanam g.

Accidents et proprié-tés du corps humain.

Lu di dal ak lu di lév Yaram u nit.

L'assoupissement.	Ngeméntu g.
s'assoupir.	gemàtu.
Le bâillement.	Bibali b.

Français	Volof
bâiller.	bibali.
La beauté.	Tar g., ra'étay g.
beau, belle.	rafét, am târ.
embellir.	rafétal.
Le bégaiement.	Ner g.
bégayer, il bégaie.	ner, ner na.
Une constitution.	Vèñ u yaram.
il a une bonne —	nèh na vèñ.
Un cri.	Yûh g.
La débilité, faiblesse.	Nèv-dôlé g.
il est débile, faible.	nèv na dòlé.
affaiblir, débiliter.	nèvlô-dôlé
La démarche.	Dohin g.
La difformité.	Ñâvay g.
La digestion.	Rèsây g.
C'est digéré.	rès na
L'embonpoint.	Sûray g.
avoir de l'embonp.	am yaram.
L'éternûment.	Tisali.
il a éternué.	tisali na.
La faim, l'appétit.	Hif b.
j'ai faim.	hif nâ.
La fatigue, la lassitude.	Lolay g., tayi g.
je suis fatigué, las.	lola nâ, tayi nâ.
La force, la vigueur.	Dôlé d., laf g.
être fort, vigoureux.	baré dôlé, am laf.
Un gémissement.	Bini b., onka b.
je gémis.	mangê bini, — onka.
Gentillesse.	Tar g., déka b.
il est gentil.	déka na, am na tar.
L'haleine.	Ntolo gémiñ.
souffler.	fuf.
haleter.	hih.

Français	Volof
Le hoquet.	Yuhal g.
avoir le hoquet.	yuhal.
La laideur.	Ñâvay g.
il est laid.	fâv na.
enlaidir.	ñâvlô,
La maigreur.	Om g., voyangé g.
il est maigre.	om na, yoy na.
il maigrit.	mungê om, — yoy.
La marche.	Doh b.
il marche.	mungê doh.
Un pas.	dégo b.
La mastication.	Yéy b.
mâcher.	yéy.
— en suçant.	mata.
Le mouvement.	Yengatu.
mouvoir.	yengal.
nourrir	dundal.
La parole.	Kadu g.
parler.	adu, vah.
Le repos.	Noflây g.
se reposer.	nopaliku.
La respiration.	Noi g.
respirer.	noi, noki.
Un rêve, un songe.	Ab gênta.
j'ai rêvé.	gênta nâ.
Le réveil.	Êvu g.
réveiller, éveiller.	è.
je les ai réveillés.	è nâ lèn.
se réveiller s'éveiller.	èvu.
Une ride.	Ras b.
se rider.	Rasu.
Le rire.	Rê g., rètan. g.
rire, rire aux éclats.	rê, hahatay.

Français	Volof
une chose risible.	lu mel a ré.
Un sanglot.	Ikal b., yekat b.
il sangiote.	mangé yelat.
Santé bonne.	Vér og yaram.
— mauvaise.	véradi'g yaram.
Le silence.	Ntéla g.. nopi g.
homme silencieux.	nit ku nopi lol.
La soif.	Mar g.
je suis altéré.	mar na.
Le sommeil.	Nélav g.
endormir.	nélavlo.
s'endormir.	nelav.
Un soupir.	Bini b.. hih b.
soupirer.	bini, hih.
Un sourire.	Muñ .
sourire	muñ.
La taille.	Tabavay g.
il a une belle taille.	vâ di am na tabavay.
— moyenne —	vâ di ém na.
— petite —	vâ di gala na lol.
Il est bien proportionné.	déka na tabavay.
La transpiration.	Ñaha b.
suer, transpirer.	ñaha.
je transpire.	mangi ñaha,
Vagissement.	Dòy i halél.
La veille.	Ngonal g.
veiller.	ngonal, ngomal.
La voix.	Bat b.

Maladies, accidents. Dangaro. ndogal.

Un abcès.	Ab tab.

L'accouchement.	Vasin b.
accoucher.	vasin.
L'agonie.	harharlé g.
La blessure.	damdam b., gañu-gañu b
blesser.	dam, gañ.
La bosse.	Henga d., hodògoné b.
bossu.	henga, hodogoné.
Le bouton.	Pita b.
Une brûlure.	Ab laka.
Le cancer.	Ngal l.
La cécité.	Ngumba g., silmaha g.
l'aveugle.	ngumba b., silmaha b,
Le borgne.	Pata b., mèna nhél.
aveugler.	silmahalo, gumbalo.
il est aveugle.	dèfa silmaha.
La chute.	Ndann g.
La colique.	Haran g.
j'ai la colique.	suma bir har na
La contusion.	Telu b.
contusionné.	telu.
La coupure.	Dog b.
Une crevasse.	Ab harhar, hotit.
La dartre.	Geger b.
La défaillance.	Hem g.
tomber en défaillance.	hem.
La démence.	Ndof.
il est en démence.	dof na.
Une douleur.	Ab métit, ag tono.
douloureux.	lu méti.
L'écorchure.	Roda g., fès g.
écorcher.	roda, fès.
L'égratignure.	Okataku g.
égratigner.	oka.

Français	Volof
Une enflure	Ab névo.
s'enfler.	nivi
L'enrouement.	Nhodos g.
s'enrouer.	hodos.
Une entorse.	Reba b., fahad b.
L'épilepsie.	Dann.ngélav, mberféréu
L'étourdissement.	Mir g
L'évanouissement.	Hem g.
s'évanouir.	hem.
Une fausse couche.	Vasin bu ñorul.
La fièvre.	Libet d., fébar b.
j'ai la fièvre.	libet nâ, fébar nâ.
Le flux de sang.	Turu déret d.
Le frisson.	Loh b.
je frissonne.	mangé loh.
faire frissonner.	lohlo.
La gangrène.	Gòm bu sabé.
La goutte.	Nab g.
Les hémorroïdes.	Bir ab taña.
Une hernie.	Ab huhân.
L'hydropisie.	Nival b.
un hydropique.	Ku di nival.
Indigestion	Réga b.
Une indisposition.	Yaram vu néhul.
je suis indisposé.	Suma yaram néhul.
Une infirmité.	Ab métit dér.
l'infirme, l'invalide.	darak d.
La maladie.	Dér b.
La paralysie.	Lafañ g., lagi g.
paralytique.	lafañ b., lagi b.
paralyser.	lafañlo, lagilo.
Le peste.	Ndéat m., mbas. m.
pestiféré.	ku mbas dapa.

La phtisie.	Dena b., métit u dena.
phtisique.	ku dena dapa, amé.
La pierre, la gravelle.	Farñañ v.
Une plaie.	Ab góm.
La rage.	Say b.
enragé.	say, dafur.
Le rhumatisme.	Nab b., yah b., ndoh b.
Le rhume.	Sod b.
— du cerveau.	sod u bakan.
— de poitrine.	sehat b.
La rougeole.	Ngas g., yato d.
La surdité.	Nteh m., tehay b.
sourd.	teh.
assourdir.	tehlo, taghal.
La toux.	Sehat s.
tousser.	sehat
Un ulcère.	Ab góm.
La petite vérole.	Ndambal l.
une marque de la —	tipentiku' ndambal.
Le vomissement.	Votu v.
vomir.	votu.

Sens.

Yégukay i yaram.

La vision.	Gis b., ngisté b.
La vue.	Bet y., gis b.
un regard.	sétin b., sét b.
une chose visible.	lu menéfó gis. (bu,
— invisible.	lu menéful a gis, ne-
homme clairvoyant.	ku baré sago.
vue longue.	bet yu bâh.
vue courte.	bet yu gata.

voir, apercevoir.	gis, sēn.
L'ouïe.	Ndégé b., nopa b.
Le bruit.	Rir b., ñov l.
entendre.	déga.
Il a l'ouïe fine.	hoi na nopa.
La gustation.	Sa o g.
Le goût.	Ñafo g.
goûter.	mos, ñam.
savourer.	ñimentu, ñamentu.
L'odorat.	Bakan b., hēntu b.
Une odeur.	Ab hēt.
sentir bon.	beū.
— mauvais.	hasav, hesēv.
flairer.	hēntu.
Le tact.	Lôl b.
toucher.	lal, lamba, lambatu.
sentir.	yeg.
L'attouchement.	Lamba b., lāl b
La sensibilité.	Noyav b.
sensible.	noy.
L'insensibilité.	Deheray b.
un homme insensible	ku deher.

Facultés de l'âme.	**Mómèl i fit.**
Sensation.	**I ité'm.**
Vertus et Vices.	**Mbáhei ak Lago.**

L'admiration.	Yèm g., ndomi g.
chose admirable.	lu di yèmló, di domma'é
admirateur.	ku di yèm.
admirer.	sétàn, domi.
L'adresse.	Nhéréñ g.

adroit. | hérèñ,
Maladresse. | Nhérèñadi g.
maladroit. | hérèñadi.
L'affabilité. | Lèvay b., lèvté g.
affable. | lèv. yévèn.
L'affection. | Ntofèl g.
affectueux. | ku sopé.
affectionner. | sopa.
L'affliction. | Nahar g.
affliger. | nahari.
s'affliger. | naharlu.
L'ambition. | Begébegé b.
ambitieux. | ku begébegé.
L'amitié, l'amour. | Nharit g., ntofèl g.
aimer. | sopa, harito.
un ami, une amie. | haril bu gòr, — dieña
l'amant, l'amante. | far v., danba b.
L'antipathie. | Mbañé g., bañanté g.
antipathique. | bañ.
L'attention. | Ndeglu g.
attentif. | né dak di deglu.
L'audace. | Ñémèñ g., ndambar g.
audacieux. | dambar, ku ñémèñ.
oser. | ñémèñ.
L'avarice. | Nègari g.
avare. | ku nègari, dang loho,
L'avidité. | Nhéré g.
avide. | hèr.
La bienfaisance. | Lâ-bîr g., bâhay g.
être bienfaisant. | lâ-bir, bâh.
Le bon sens. | Am sago g.
être sensé. | am sago.
La bonté. | Bâhay g.

Français	Volo
être bon.	bâb.
La bravoure.	Ndambar g., ngör g.
montrer de la —	görgörlu.
brave.	gör, ku dambâr.
Le calme.	Tëy g., tëylu g.
un homme calme.	nit ku tëy, ku uopi.
La calomnie.	Sos v., sosal b.
calomnieux.	sos.
un calomniateur.	soskat, sosalkat.
calomnier.	sos, sosal.
Le caractère.	Diko d.
Le chagrin.	Ñahar g
chagrin.	naharlu.
chagriner,	vob nahar.
se chagriner.	naharlu, métitlu.
La charité,	Ntofël g., là-bir g.
être charitable.	là-bir.
La chasteté.	Sélay g.
être chaste.	sél.
La clémence.	Là-bir g.
implorer la —	yerenlu.
être clément.	yomba bàalé.
La colère.	Mér g. ..nör.
être colère, irascible.	nahari diko. gav a
La compassion.	Yermandé g.
être compatissant.	yeremé.
La confiance.	Kölu g.
être confiant.	yomba ölu.
se confier, se fier.	ölu.
La constance.	Ntaku g., litna g.
être constant.	taku.
Le courage.	Ñémén g., ndambar g.
être courageux.	ñémén, dambar

Français	Volof
La crainte.	Ragal g.
être craintif.	ragal.
craindre.	ragal.
Un crime.	Ñavtéf g.
être criminel.	sâysâv
La cruauté.	Nëgé b.
être cruel.	nëg.
La curiosité.	Ndéñ-kumpa g
être curieux.	déñ kumpa.
Le découragement.	Yohi g., tohi g.
décourager.	yohile.
Le dégoût.	Sapi b.
Le déplaisir.	Nahar g.
déplaire.	nahari, lôñ.
L'espoir.	Yâkar g.
espérer.	yâkar.
Le désespoir.	Ñâka-yâkar g.
Le désir.	Hémém g., begél b.
désirer.	bega, hémém. (kat b.
désireux.	begekat b., hémém-
La diligence.	Ñavarté g., gâvantu g.
être diligent.	savar, lu gâv.
La dissimulation.	Mikar g.
dissimulé.	mikar.
La docilité.	Ndégaté g.
La douceur.	Nëh-dérél g., lévay g.
être doux.	nëh, lév.
La douleur.	Métit g., nahar g.
être douloureux.	méti, nahari.
La duplicité.	Labas g.
La dureté.	Nëg g.
être dur.	nëg.
L'effronterie.	Révandé g., lubuté g.

être effronté. | rèv. lûbu.
L'ennui. | Tavi g.
ennuyer. | lolal. tanhal.
L'entêtement. | Deger-bopa g.
être entêté. | deger bopa.
L'envie. | Kañan g.. ây-bîr g.
être envieux. | añan.
envier. | hémôm, añané.
L'équité. | Dubay g.
équitable. | dub. êm.
Une erreur. méprise. | Ndûm g.. tom g.
se méprendre. | tem.
L'esprit. | Xbét m
L'estime. | Nav g.. apa m.
ce qui est estimable. | li met a nav.
estimer. | nav. rpa.
L'étonnement. | Domi g.. yèm g.
La surprise. | Mbété g.
étonner. | domal.
surprendre. | bèla.
L'étourderie. | Tèyludi. g.
être étourdi. | teyledi. ñaka tôylu.
L'étude. | Ndemantu m.. adanga m.
être studieux. | sopa demantu.
étudier. | danga. sêtlu. demantu
La fausseté. | Fèn v.. nar v.. kati v.
faux. | lu amal.
La fermeté. | Degeray g.. ntaku g.
être ferme. | deger.
La férocité. | Ntchorté g.. nëgé b.
être féroce. | sohor. nëg. ñûl butit.
La fidélité. | Ntaku g.
être fidèle. | taku.

Français	Volof
La fierté, la hauteur.	Gabulé g., rèvandé g.
être hautain.	gabu, rèv, lûbu.
La folie.	Ndof g.
fou, folle.	dof.
La franchise.	Déga g.
La fureur.	Say b.
être furieux.	say.
La gaîté.	Nêh-dérèt g.
être gai.	nêh dérèt.
s'égayer.	foantu, rè.
La gourmandise.	Fuhalé g., lît g.
être gourmand.	lît, fuhalé.
L'habileté.	Héréñ g.
être habile.	héréñ.
La haine.	Sibèl g., bañanté b.
être haïssable.	met a sib, met a bañ.
haïr, détester.	sib, bañ, sika.
L'héroïsme.	Ndâmbâr g.
un héros.	ab dâmbâr.
L'honneur.	Ndom g., téranga g.
être honorable.	met a téral.
La honte.	Ntorohlé g.
être honteux.	toroh.
être éhonté.	ñaka dom.
rougir.	rus.
L'horreur.	Sîhlu g.
éprouver de —	sîhlu.
être horrible.	ñâv.
L'humanité.	Yérmandé g., lâ-bir g.
être humain.	lâ-bir.
L'humilité.	Sufèlu g.
être humble.	sufèlu.
L'hypocrisie.	Mîkar g., lahas g.

Français	Volof
hypocrite.	mîkar, lahaskat.
L'ignorance.	Hamadi g.
être ignorant.	hamadi.
L'imbécilité.	Ndèsé g.
être imbécile.	dèsé.
L'impatience.	Muñadi g
être impatient	muñadi.
s'impatienter.	muñadi.
L'impolitesse.	Ngorédi g.
être impoli.	ñaka ngor, ñaka orma
L'imprudence.	Tèylôdi g.
L'impudence.	Ñaka-galé g., ñaka-dom.
L'incertitude.	Vöradi g.
une chose incertaine.	lu órul.
L'inconstance.	Ñaka-laku g.
être inconstant.	ñaka laku.
L'indécence.	Tédadi g.
une chose indécente	lu tédul.
L'indifférence.	Ñaka- âḍo g.
être indifférent.	ñaka âḍo.
L'indiscrétion.	Ratah-laméñ g.
un indiscret	ku ratah laméñ.
L'indolence	Taèl g.
être indolent.	taèl.
L'indulgence.	Tiné g.. mbâlé g.
être indulgent.	yomba lin. — baalé.
L'ingratitude.	Nharab g.
l'ingrat.	harabkat b.
L'inimitié.	Mbañanté g., mbañé g.
l'ennemi.	mbañ m.
L'iniquité.	Ñâvtèf g.
une chose inique.	lu ñâv.
L'insolence.	Gabulé g.

un insolent.	ku gabu.
L'insulte.	Tôñ v. saga b.
insulter.	tôñ, has, saga.
L'intempérance	Téperé g.
l'intempérant.	téperékat b.
L'intérêt.	Ndériñ m.
L'intrépidité.	Ndeger-hol g.
être intrépide	ñêmêñ, deger hol.
La jalousie.	Ñé g., mpir m.
être jaloux.	añan, fir.
La joie.	Mbëg m., banêh b.
être joyeux.	bëg.
Le jugement.	Até g.
être judicieux.	baré sago.
juger.	até.
La justice.	Nduhay g.
être juste	dub.
La lâcheté.	Ragal g.
un lâche.	ab babar, ab ragal.
La lenteur.	Yihay g., yihté g.
être lent.	yîh.
La légèreté.	Voyéfay g.
être léger.	voyéf.
La libéralité.	Yévèn g., nëgé-mayé g.
être libéral.	yévèn, nëg a mayé.
La liberté.	Ndâmbur g.
homme libre.	dâmbur b.
Libre arbitre.	Ndâmbur i bopa g.
La loyauté.	Ngor g.
être loyal.	goré.
La malice.	Mûs g., ntohorté g.
malicieux.	mûs, sohor.
La méchanceté.	Ntohorté g.

être méchant.
La médisance.
médisant.
médire.
La mémoire.
Le mensonge.
le menteur.
mentir.
Mépris.
méprisable.
mépriser.
La négligence.
être négligent.
homme
négliger.
La nonchalance.
être nonchalant.
L'obéissance.
l'obéissant.
obéir.
L'obligeance,
l'obligeant.
L'obstination.
être obstiné.
s'obstiner
L'orgueil.
être orgueilleux.
s'enorgueillir.
L'oubli.
oublié x.
oublier.
La paix.
paisible, pacifique.

sohor.
Ndev g., ndevaté g.
devkat.
dev, devaté.
Mpataliku m.
Fen v., nar v., kañi v.
fenkat b.
fen, nar, kañi.
Héblé g.
mel a héb.
héb.
Ntagané g., sagan g.
sagan.
sagankat b.
sagane.
Ntaél m.
taél.
Ndégalé g.
dégalkat b.
dégal, dégalé.
Ndimal m., volu g.
volukat b., dimalikat b
Ndeger-bopa g.
deger bopa.
deheral bopa.
Révréylu g.
révréylu.
révréylu.
Mpalé g.
ku yomba faté.
faté.
Dama d.
nit u dama.

La paresse.	Taèl g.
paresseux.	taèl.
Une passion.	Hirté g.
se passionner.	hiru.
La patience.	Muñ g.
être patient.	muñ.
patienter.	muñ.
— avec quelqu'un.	muñal.
La peine.	Nahar g., métit g.
être pénible.	méti, nahari.
La pensée.	Nhalat m.
être pensif.	baré halat.
penser.	halat.
La perfidie.	Or b.
perfide.	orkat b.
La persévérance.	Fitna g., ntaku g.
persévérer.	taku, am fitna.
La peur.	Ragal g.
peureux.	ragal.
La piété.	Ndulit g.
pieux.	dulit.
La pitié.	Yermandé g.
pitoyable.	met a yerem.
s'apitoyer.	yerem.
Le plaisir.	Bañèh b.
plaire.	nèh.
La politesse.	Orma g.
être poli.	baré orma.
La présomption.	Ñéméñ-Yalla g.
présomptueux.	ñéméñ Yalla.
La prévoyance,	Tandalé b., tolatlé b.
prévoir.	tandalé. tolatlé.
La probité,	Goré g., ngor g.

Français	Volof
être probe.	goré, vor.
La prodigalité.	Yaha g., salah g.
prodigue.	yahakat b., salahkat b.
prodiguer.	yaha, salah.
La prudence.	Tèvlu g., sêtlu g.
être prudent.	tèvlu.
La pudeur.	Tèday g., gaté g.
être pudique.	tèda, sèt.
La rage.	Sav g.
La raison.	Sago s.
être raisonnable.	andak sago.
raisonner.	véranté.
La rancune.	Tongu b.
— mutuelle.	tongo b., tongoanté b.
rancuneux.	vomba tongu.
La reconnaissance.	Ngerem g., mpataliku g.
reconnaissant.	gerem.
reconnaitre.	gerem, fataliku.
La réflexion.	Halat m., rabat v.
réfléchir.	halat, rabat.
Le regret.	Rètu g.
regretter.	naharlu, rètu.
Le repentir.	Rètu g.
se repentir.	rètu.
La répugnance.	Sihlu g.
répugnant.	sapé.
La résolution.	Fasu b., ébuté g.
être résolu, détermi- se résoudre. (né.	faso, ébu, nhêtu. faso, ébu, hêlo.
Le ressentiment.	Mèr g.
ressentir.	vég.
La ruse.	Musé g., nahé b.
être rusé, subtil.	mus, nahé.

La sagacité.	Héréñ g., ñav-nhél g.
être sagace.	héréñ.
La sagesse.	Sago s.
sage.	borom sago.
La sensibilité.	Kérsa g.
être sensible.	baré kérsa.
La sincérité.	Ngor g., voray g.
être sincère.	or. goré.
Un souhait.	Kéné g.
souhaiter.	éné.
Le soupçon.	Ndortu g., fogél b.
soupçonner.	fog. défé. dortu.
soupçonneux.	fogkat, défékat.
La stupidité.	Ñoradi g., ndof g.
être stupide.	ñoradi, dof.
La sobriété.	Émay b.
être sobre.	ém, tuh.
La sympathie.	Ntofél g.
sympathiser.	sopa. néh.
La témérité.	Ñéméñ gu tepa g.
être téméraire.	ñéméñ bé dof.
La tendresse.	Ntofél g., sopé g.
être tendre.	sopé.
La terreur.	Ntit g., ret g.
terrible.	lu di titalé.
La timidité.	Ragal g., kérsa gu tepa.
être timide.	ragal, epa kérsa.
La tristesse.	Yogorlu g.
être triste.	yogorlu.
La tromperie.	Nahé b.
tromper.	nah. nahé.
trompeur.	nahékat b.
La vanité.	Balént b., lahan g.

être vaniteux. — hadané, tahau.
La vengeance. — Toñarbi g., mpeyat g.
vengeur. — feyukat b.
venger. — féyu.
se venger. — féyu, toñarbi.
La vérité. — Dega g.
c'est vrai. — dega la.
La vertu. — Mbahél g.
homme vertueux. — nit ku bâh.
Le vice. — Lago b.
être vicieux. — am i lago.
La vigilance. — Ntopato g.
être vigilant. — men a topato.
La vivacité. — Yengatu g.
être vif. — yengatu.
vivifier. — dundal, may yengatu.
La volonté. — Begél b., sago s.
vouloir. — bega.
La volupté. — Banéh b., belis b., mbeh
être voluptueux. — sopa banéh.   (m.
Le zèle. — Mparlu g., nlavarté g.
être zélé. — farlu, savar.

Degrés de la vie.   ## At u nit.

La vie. — Dunda g.
vivre. — dunda.
L'âge. — At y., magay b.
bas âge. — at ya dilu.
la fleur de l'âge. — at i vahambané.
l'âge de raison. — at i sago.

âgé. | magèt.
il est âgé de cinq ans. | am na durom i at.
La naissance. | Ndudu g.
naître. | dudu.
La croissance. | Magay b.
l'âge de croissance. | at i magay.
L'enfance. | Nhalèl g.
un enfant. | ab halèl, ab guné.
La puberté. | Tèngay b.
L'adolescence. | Ndavay g., far g.
adolescent. | far v., guné g.
La jeunesse. | Vahambané g.
jeune homme. | vahambané v.
quand j'étais jeune. | ba ma tolô ti suma vahambané.
La virilité. | Ngor g.
être viril. | met gor.
La maturité. | Magay b., ñoray b.
mûr. | gor gu mag.
La vieillesse. | Magètay b.
vieux. | magèt.
vieillir. | magèt.
La mort. | Dë g.
un mourant. | ku di dë.
un mort. | ku dë.
Un cadavre. | Ab niv.
feu. | dèm Yalla.

Vie civile.

Aduna.

L'adoption. | Nangu b., ntehay g.
adopter. | nangu, domo.

Les affaires.	Ntopato y.
Une alliance.	Mbokèf g.
s'allier avec.	digalé ak.
Le bien.	Alal d., amam g.
Une carrière.	Ab délay.
Une créance.	Ab bor, ab lèblé.
un créancier.	lèbalkat.
un débiteur.	lèbkat.
La dépense.	Salah b.
dépensier.	salahkat b.
coûteux.	dafé ndég.
dépenser.	salah.
Un dépositaire.	Ab dèntakat.
La détresse.	Ntoskaré g.
être en détresse.	toskaré.
Une dette.	Bor b.
s'endetter.	am i bor.
devoir.	lèb.
Le divorce.	Fasé b., mpasé m.
divorcer.	fasé.
Le domicile.	Ker g., deka g.
être domicilié.	deka.
Le droit.	Saūsañ b.
Un emprunt.	Lèb g.
emprunter.	lèb, aba.
L'état.	Délay b.
Un enfant légitime.	Dom u séy yon Yalla.
La fortune.	Amam g., alal d.
faire fortune.	am alal.
La gloire.	Ndam l.
glorieux.	am ndam.
Un gage.	Ab taylé.
L'habitude.	Tamèl g., tamèf g.

habituel.	tamé.
L'héritage.	Ndono b.
un héritier.	dono d.
hériter.	dona.
Le legs.	Ndono b., mbatalé g.
légataire.	donalékat b.
léguer.	donalé.
Légitime.	Lu av yon.
légitimer.	aval yon.
Le malheur.	Ndogal g., kasara g.
être malheureux.	aylu.
Le mariage.	Séy b.
marier.	séylo.
se marier.	séy.
épouser.	séy ak
Les nécessités.	Sohla s.
être nécessaire.	sohlé.
Les noces.	Ntét l.
Un nom.	Tur v.
nommer.	tuda.
Une occupation.	Ntopato b.
être occupé.	dapa.
La pauvreté.	Miskin g.
pauvre.	miskin.
La possession.	Amam g., alal d., mö-
posséder.	mòm. (mèl d.
Un prénom.	Tur v.
Un prêt.	Lébal g.
prêter.	léblé.
La primogéniture.	Ntàv g.
premier-né.	tàv b.
La propriété.	Mòmèl g.
La société.	Mbotay g.

Français	Volof
Une succession.	Toflanté g., lopanté g., lopa.
succéder.	
Un surnom.	Dakantal b.
Le travail.	Ligéy b.
travailler.	ligéy.
La tutelle.	Sama g.
tuteur.	sama b.
Les ancêtres, aïeux.	Màm y., mâmat y.
Les ascendants.	Màm y., mâmat y.
Les descendants.	Set y.
Les enfants.	Dòm y.
La généalogie.	Gir i màm.
La ligne paternelle.	Géño g.
La ligne maternelle.	Hèt g.
Le bisaïeul.	Màmat mu gòr.
La bisaïeule.	Màmat mu digèn.
L'aïeul.	Màm mu gòr.
L'aïeule.	Màm mu digèn.
Le père.	Bay b.
La mère.	Ndèy d.
Le fils.	Dòm du gòr.
La fille.	Dòm du digèn.
Le petit-fils.	Set bu gòr.
La petite-fille.	Set bu digèn.
L'arrière petit-fils.	Setat bu gor.
L'arrière petite-fille.	Setat bu digèn.
Le frère aîné.	Mag m.
Le frère puîné.	Raka d.
Frère, sœur, (de père.)	Dòm 'bay.
Frère utérin, sœur utér.	Dòm 'ndèy.
Le jumeau, la jumelle.	Sih b.
Oncle, frère du père.	Bay bu ndav.
Oncle, frère de la mère.	Niday d.

Tante, sœur de la mère.	Ndèy du ndav.
Tante, sœur du père.	Badèn b.
Tante, femme de l'oncle.	Yumpañ d.
Le neveu.	Darbat du gör.
La nièce.	Darbat du digèn.
Cousin, cousine.	Raka d., mag d.
La famille.	Géño g., hêt g.
Les parents.	Vâ-dur.
Le mari.	Deker d.
La femme.	Dabar d.

Habits.

Yéré.

Le pantalon.	Tubéy d,
	Mbuba m.
	Turki b.
Un pagne.	Malan ma.
Un bonnet.	Mbahana m.
Le mouchoir de tête.	Métèl b,
Les souliers.	Dala y.
Les bas.	Kavas y.
L'éperon.	Sébré b.
La canne.	Èt v.
Le rasoir.	Sâtu s., ndûs s.
La ceinture.	Lahasay b.

Habitations.

Ker.

La ville	Deka b.
La capitale.	Pëy m.

La maison.	Ker g.
La chambre.	Nëg b.
La porte.	Bunta b.
Le pavé.	Dar b.
La rue.	Mbéda m.
Le cimetière.	Robukay b., bamèl y.
L'âtre, foyer.	Tâl b.
La cuisine.	Vâñ v.
La clef.	Tâbi d.
Le derrière de la mais.	Vanok v.
Le dortoir.	Nélavakav b.
La façade.	Bunt'i ker.
Le grenier.	Saha b.
Le réfectoire.	Lëkukay b.
La fontaine.	Tèn b.
La cloche.	Dololi b.
L'abreuvoir.	Vegukay b.
Une avenue.	Ab yôu.
Le poulailler.	Ngunu l.
Le berceau.	Laltay b.
Un bosquet.	Ab gol.
Un champ.	Ab tol.
La clôture.	Lëm b., ñak b.
La cour.	Eta b.
L'écurie.	Vuda v.
Le balai.	Mbubukay b.
le manche.	dapukay b.
les balayures.	mbubit m.
balayer.	bub.
Un banc.	Ab togu.
bercer.	teral halèl.
Les langes.	Laltay b., lalay b.
Du bois.	Mata m.

Du charbon de terre.	Keriñ u suf g.
Du charbon de bois.	Keriñ u mala g.
La flamme.	Takataka b.
La fumée.	Sahar s.
La suie.	Baghanosé b.
Le coussin.	Ngégénay l.
La cruche.	Guta g.
Le flambeau.	Nitu b.
La fontaine.	Ten b.
La cendre.	Dóm i tal.
Une glace.	Ab setu.
Un lit.	Ab lal.
Un traversin.	Ab ngégénay.
Un oreiller.	Ab ngégénay,
Les draps.	Malan u lal.
Les couvertures.	Mbada m.
Les pieds du lit.	Tank' i lal b.
La malle.	Vahandé b.
Le miroir.	Sétu b.
L'aiguille.	Pursa b.
Les pincettes.	Nèm b.
La planche.	Hanha b.
La clef.	Tàbi b.
Le portrait.	Ñatal b.
Le seau.	Kungu b.
Le soufflet.	Upu b.
souffler.	upa.
Un tabouret.	Togu b.
Les bagages.	Ndap y.
Une bague.	Ab daru.
Le collier.	Taha b.
La coiffure.	Ñdumbal m.
Le bracelet.	Lam b.

Français	Volof
Une chaîne d'or.	Ab lalala urus.
La tabatière.	Pôlé b., gas b.
La cravache.	Posta b.
cravacher.	posta.
Les parfums.	Sunka y.
Le savon.	Sâbu b.
Un peigne.	Ab dartu.
peigner.	darat.
se peigner.	dartu.
Le cure-dent.	Sotu b.
se curer les dents.	sotu.
Le couteau.	Pâka.
La marmite.	Tin l.
Le pilon.	Kûr g.
Le mortier.	Gena g.

Repas.

Lèka g.

Français	Volof
Le déjeuner.	Digu b., ndéki b.
déjeuner.	ndéki, digu, ndévu.
Le dîner.	Añ b.
dîner.	añ. (mos b.
Le goûter.	Lañta b., ndogonal l.,
goûter.	lañta, ndogonai, mos.
Le souper.	Rêr b.
souper.	rêr.
Le banquet.	Mbotay g.
Le mets.	Ñam y., yéka b.
Le pain.	Mburu m.
Le pain chaud.	Mburu mu tanga.
Le pain frais.	Mburu mu ès.

La mie.	Pendeh b.
miette.	fadahit b.
La farine.	Sunguf s.
Le son.	Toh b.
Le levain.	M̃porohal m.
La pâte.	Ponha m.
Le bouillon.	Ñêh m.
De la viande.	Yâpa.
— coupée en tranches	sêl b.
Une tranche (minces.	Ab lêlit.
La viande maigre.	Yapa vu yòv.
— grasse.	Yapa vu dûf.
Du bouilli.	Mbahal.
La fricassée.	Pirki b.
Le rôti.	Vada v.
rôtir.	vada.
Du bœuf.	Yap' i nag.
Une langue de bœuf.	Lamêñ i nag.
Du veau.	Yap'i selu.
Du mouton.	Yap'i har.
Un gigot de mouton.	Lup'i har.
Un épaule de —	Mbag'i har.
Une langue de —	Lamêñ i har.
De l'agneau.	Yap'i mburtu.
Un quartier d' —	Dogit i mburtu.
Du chevreau.	Yap'i béy.
Du porc.	Yap'i mbàm.
un jambon.	lup'i mbàm.
du lard.	nébòn i mbàm.
du saindoux.	div i mbam.
Du gibier.	Reba.
De la volaille.	Yap'i pit' i ker.
Une volaille.	pita i ker.

l'aile.	lâf b.
la cuisse.	lupa b.
le foie.	rès v.
le gésier.	roka b.
Du poisson.	Dèn.
Les œufs.	Ñèn y.
des œufs durs.	nèn yu ñu bahal
des œufs frais.	nèn yu ès.
des œufs pochés.	nèn yu ñu fuha.
des œufs brouillés.	nèn yu ñu kod.
jaune d'œuf.	mped i nèn m.
Le sel.	Horom s., sohmal s.
Un clou de girofle.	Horompolé d.
Le beurre.	Div g.
Le beurre frais.	Div gu ès.
Le beurre salé.	Div i horom.,

La boisson.

Nan ga.

De la bière du pays.	Puh m.
De l'eau-de-vie.	Sangara s.
Du lait.	Sôv m.
du lait doux.	mêv m., mésil m.
du lait caillé.	sôv mu vay.
du lait écrémé.	mbànit m.
Du vin.	Biñ b.
du vin blanc.	biñ bu vèh.
du vin rouge.	biñ bu honha.
Du vin de palme.	Senga m.
Du vin de rondier.	Rof m.
Du vin de palmier-nain.	Togkom m.

Remèdes et opérations médicales.

Garap ak mpað.

Une amputation.	Dogay b.
amputer.	dog.
Un bain.	Sangu b., sanga b.
prendre un bain.	sangu.
Une friction.	Dampa b.
frictionner.	dampa.
Incision.	Gada b.
inciser.	gada.
Un médicament.	Garap g.
Une purgation.	Nandal g.
purger.	nandal.
la purge.	nandal b.
La saignée.	Gada b., gadalu b.
saigner.	gada.
se faire saigner.	gadalu.
La vaccine.	Ndenda g., ñéka b.
vacciner.	ndenda, ñéka.
Ventouse.	Bédin b., nampatal.
ventouser.	nampatal.
se faire ventouser.	nampatalu.

Société politique.

Rëv ma.

Le roi.	Bûr b.
L'héritier présomptif.	Bumi b.
Le chef des escl du roi.	Daraf b.
Le majordome.	Farba b.
Un chef des volontaires	Saltigé b.
Collecteur de coutumes	Sâhsâh b.

Français	Volof
L'esclave.	Dâm b.
esclave né.	dàm-dudu.
esclave de la couronne.	dàm i bûr.
esclave d'un prince.	dàm i gêlavar.
Homme libre.	Dâmbur b.
Fils de roi ou de prince.	Dòm i bûr.
Prince né d'une gêlavar.	Gêlavar b.
Princesse.	Gêlavar bu digèn.
Princesse, mère de roi.	Lingèr b.
Femmes de sa suite.	Ndûkân y.
Prince (Cayor et Baol.)	Garmi b.
Dignitaire du royaume.	Kangam b., sanga b.
Ecuyer.	Santa b.
	Bisig i bûr.
Griot. (en général)	Gêvèl b.
— forgeron.	Ñêno b.
— musicien, chanteur.	Màbo b.
— cordonnier.	Udé b.
— bouffon obscène.	Bidé b.
—	Bisèt b.
—	Tolé b.
Dignitaire du royaume.	Fitôr b.
	Darno b.
Trésorier du roi	Davdin b.

Principales fêtes de l'année.	Hèvté yi gen a humba ti at mi.
Le jour de l'an	Tâvlu'al m.
souhaiter la bonne an-	yèné udévén
les étrennes (née	udévénal

Français	Volof
étrenner	ndévénal
Le jour des Rois	Bés i Bûr y.
La chandeleur	Bés i nîtu y.
Le mercredi de cendres	Bés i döm i tâl y.
Le carême	Kôr g.
Le dim. des rameaux	Dibĕr i sòrsòr y.
Le vendredi saint	Alduma du sèla ḍ.
Pâques. Résurrection	Pâk, Ndĕki g.
Dimanche in Albis	Dibĕr i ndòr y.
Les rogations	Bés i ñân y.
L'Ascension	Yékatiku g. (sèla m.
La Pentecôte	Pantakòt. vaḷ u Nhèl mu
La Fête-Dieu	Hèvté'Yaram u Y.-K.
L'Assomption	Yékati'Mariâma m. s.
La Toussaint	Hèvté ñu'Sèla ña ñèpa
L'Avent	Hâru g.
Noël	Noël, Ndudu'Y.-K.
Les quatre-temps	Ñanĕnt i hâḍ y.
La vigile, veille	Ngomar g.

La Religion.

Yon' Yalla.

Français	Volof
Dieu	Yalla
Jésus-Christ	Yésu-Krista
Le S. Esprit	Nhèl mu Sela m.
Le Créateur	Bindakat b.
Le Sauveur	Musalkat b.
Le Rédempteur	Dotkat b.
La Trinité	Trinité b.. Ñètay b.
une personne	pèrson, nékin b.
Un Ange	Malâka m.
angélique	ñirò'k malâka

Français	Volof
Un saint	Vâ du sèla
un bienheureux	vâ du tèhé d.
sanctifier	sèlal
béatifier	tèhètal
Le diable	Sèytané
le démon	díné d.
un damné	ku alku.
Le paradis	Firdausa s., aldana d.
Le purgatoire	Larâf
Les limbes	Ntav.
L'enfer	Safara s., nâri
infernal	nârulay

Lieux et objets du culte.

Français	Volof
Une cellule	Nèg u vèlay
La chapelle	Dangu b.
L'église	Dangu b.
la mosquée	Daka d., dulikay b.
L'autel	Lotèl b.
la maître-autel	lotèl bu réy b.
le banc	tôgu b.
L'ancien testament	Volèri gu deka g.
Le nouveau testament	Volèri gu mudé g.
La chaire	Vârékay b.
Les cloches	Dololi v.
Le confessionnal	Konfèsékay b.
La croix	Krua b.
L'eau bénite	Ndoh mu sèla m.
L'Évangile	Lindil b.
Les fonts baptismaux	Tèu i batisé b.

Bérèb ak yef i dulit.

L'hostie	Losti b.
La prière	Ñâ" g.
Un livre	Téré.
La nef	Dig'u Dangu b.
Les sacrements	Sakarmang y.
Le baptême	Batisé b.
baptiser	batisé.
La bénédiction	Barké b.
bénir	barkèl.
La confirmation	Konfirmé b.
confirmer	konfirmé.
L'Eucharistie	Lekaristi b.
la communion	komuñé b.
communier	komuñé.
La pénitence	Tûb g.
la confession	konfèsè b.
se confesser	konfesé
L'extrême-onction	Div-darak d.
L'ordre	Lordar b.
Le mariage	Sèy b.
se marier	sèv
marier	sèvlo
La messe	Mès b.
entendre la messe	da"ga mès
grand' messe	mès bu rèv
basse messe	mès bu lût
Le sermon, le prêche.	Varé b.
prêcher	varé
prédicateur	varékat
être touché du sermon	varu
Sacrifice	Ndébalé g.
offrir un	débalé
saint, sacré	lu sèla. lu ñu barkèl

Agriculture.	Mbéay.
L'agriculteur	Bèykat b.
Le berger	Sama b.
Le bucheron	Tahankat b.
Le colon	Santukat b.
Une laitière	Sipukat b.
Le moissonneur	Gobkat b.
Le laboureur	Ligeykat i tòl b.
Le patre	Sama b.
Le porcher.	Sam i mbâm.
Le vacher.	Sam i nag.

Instruments d'agriculture.	Defendukay ti tol.
Un arrosoir.	Sûhukay b.
(Instruments de culture)	Her b.
—	Daba b.
—	Dahay b.
—	Sôhsôh b.
—	Ngobân b.
— (pour le riz.)	Gobi b.
Une botte de foin.	Say i ngoñ.
La culture.	Mbèy m.
cultiver.	bèy.
Le défrichement.	Gor m.
défricher.	gor.
L'engrais.	Tos m.
engraisser, fumer.	tos.
Une faux.	Bobukay b.

faner.	bôb.
Le fumier de cheval.	Néfré d.
— de vache.	Ndèf l.
Une gerbe.	Say v., daba b.
Les javelles.	Satar b.
Une meule de foin.	Ngar i mbob.
— d'arachides.	Ngar i gèrté.
La moisson.	Ngoblé g.
moisso ner.	gob.
La plantation.	Ndi m.
planter.	di.
La récolte.	Vita b.
récolter.	vita.
Défricher.	Gor.
Essarter.	Rûd.
	Das.
Sarcler, ésherber.	Bèy, bahav.
Resarcler.	Bèyal.
Chasser les oiseaux,	Bib.
Récolter, moissonner.	Gob.
Serrer le mil.	Sada.

Commerce. Nday.

L'acceptation.	Nangu b.
accepter.	nangu.
L'achat.	Denda b., dendé b.
acheter.	denda.
Un affréteur.	Ebkat i gâl.
affréter.	eb.
Les avaries.	Yahu b., yahuté.

Une balance.	Ab natu.
peser.	nata.
Le chargement.	Éb gal.
Le change.	Vêle g.
changer.	vêli.
Des colis.	I ndab.
Le commerçant.	Dàykat b., dula b.
commercer.	dày., dulatu.
Le déchargement.	Ëbi g.
décharger.	ëbi.
Une dette.	Ab bor.
devoir.	lêb.
Emmagasiner.	Déf ti pukus.
magasin.	pukus.
Un envoi.	Ab yobanté.
envoyer.	yobanté.
La fabrication.	Ligéy b., défar g.
le fabricant.	défarkat b.
fabriquer.	défar.
Le gage.	Tayle b.
mettre en gage.	taylé.
Le gain.	Ndolént l., vés g.
Un marchand.	Ab dàykat.
marchandise.	ndáy m.
Le payement.	Pèy g.
payer.	fèy.
Du papier.	Kait.
papier monnaie.	kopar i kait.
Le prêt.	Lêblé b.
un prêteur.	lêblékat b.
prêter sur gage.	lêblé ti taylé.
Le profit.	Ndériñ m.
La promesse.	Ndig m., ndigal m.
promettre.	dig. diglé.

Le rachat.	Ndot g
racheter.	dot.
La reconnaissance.	Hamé g., haméukay b.
reconnaître une dette.	hamé bor.
Le remboursement.	Dèlo b.. fèy b.
rembourser.	dèlo, fèy.
La société.	Mbôlé m.
s'associer.	bolé alal.
La solde.	Pèy b.
Le tarif.	Ndég l., apa m.
La traite.	Ndây m.
— des noirs.	Ndây i nit ñu ñul.
La vente.	Ndây m.

Artisans.   Ligèykat.

Le barbier.	Vatkat b.
Le batelier.	Mòl b.
La blanchisseuse.	Fôtkat bu digèn.
Le bonnetier.	Ñavkat i mbahané b.
Le boucher.	Tiflékat b.
Le boulanger.	Dèfarkat i mburu b.
Le cardeur.	Ferkat b.
carder.	fer.
carde.	feru b.
Le chaudronnier.	Dèfarkat i tin., tega.
Le chiffonnier.	Forkat i sagar.
Un colporteur.	Ab dula.
colporter.	dulatu.
Le cordier.	Rabakat i bûm.
Le cordonnier.	Udé b.,dèfarkat i dala b.

Le corroyeur.	Ulikat b.
corroyer.	uli, vuli.
Le coutelier.	Teg' i paka b.
Un crieur.	Ab gévèl.
Un forgeron.	Ab tega.
forger.	tega.
Le maçon.	Tabahkat b., mâhkat b.
maçonner.	tabah, mâh.
Le menuisier.	Malav b.
L'orfèvre.	Sayâhalkat b.
L'ouvrier.	Ligéykat b.
une ouvrière.	— bu digén.
Le pêcheur.	Napakat b.
Le plombier.	Ligéykat i bétéh.
Un poissonnier.	Ab daykat i dèn.
Un portefaix.	Ab énukat.
Un savetier.	Défarkat i dala.
Un sellier.	Défarkat i ntég.
Le tailleur.	Ñavkat b.
— de pierre.	étakat i hér.
Le tanneur.	Ulikat b., sébékat b.
Un tisserand.	Ab raba.
L'apprenti.	Halél b.
Le commissionnaire	Yonént b.
Le garçon.	Ndav l.
L'atelier.	Ligévukay b.
La boucherie.	Tifléukay b.
La forge.	Tega b.
L'aiguille.	Pursa b.
le trou de l'aiguille.	ben' i pursa.
L'aviron.	Dòv b.
Le battoir.	Taparka b.
Le clou.	Dad b.
La cognée.	Sémeñ v.

L'enclume.	Dèka b.
La hache.	Sémèñ v.
L'hameçon.	Os g.
La ligne.	Hir g.
La lime.	Haṭa g.
limer.	haṭa.
Le marteau.	Léré b.
Le mortier.	Gena g.
La navette.	Nkuk g.
La pelle.	Galang b.
Le perçoir.	Benu b.
Le pilon.	Kur g.
La quenouille.	Keṭu g.
La rame.	Dôv b.
Le tamis.	Tègtèg b.
Des tenailles.	I ñêm.
Le van.	Layu b.
La vis.	Perempûs b.

La guerre. — Haré ba.

L'armée.	Haré b.
La cavalerie.	Ngavar g.
un cavalier.	gavar.
L'infanterie.	lir g.
un fantassin.	lir.
La musique.	Duñdung y.
se battre.	haré, hêh.
L'archer.	Halakat b.
L'arc.	Hala b.
La javeline, flèche.	Féta b.
La lance.	Hèd b.

Le sabre.	Ḍâsi ḍa.
sabrer.	ṭav ḍâsi.
L'épée.	Kar.
Le bouclier.	Mpaka m.
Le fusil.	Fétel g.
Le carquois.	Tungár b.
La fronde.	Mbaha m., vaha v.
Le pistolet.	Kàbus g.
Le poignard.	Gobar b.
poignarder.	deba gobar.

Exercices d'agrément.	**Mpo ma.**

Le banquet.	Mbôtay g.
une salle de banquet.	nég i mbôtay.
Le président.	Ndit l.
La chasse.	Reba.
— aux oiseaux.	reb'i piṭa.
chasser.	reba.
Un couteau de chasse.	Pàka'reba.
Une poire à poudre.	Bèdin i dôm.
la poudre.	dôm d.
Un chasseur	Ab dana.
Le gibier.	Rab v.
chasser l'hyène.	reba buki.
— l'antilope.	— kôba.
suivre à la piste.	topa tanka ya.
prendre au piége.	fir bè ḍapa.
Le concert.	Voy v.
La course.	Ravanté b., ndahé b.
— à cheval.	— fas.
— en bateau.	— gâl.

La danse.	Mpéta m.
danser.	fèta.
le danseur.	fètakat b.
L'équitation.	Ngavar b.
Le cavalier.	Gavar b.
L'amazone.	— bu digèn.
L'écuyer.	Gavar b.
aller au pas.	dohal fas.
— au trot.	rambal —.
— au petit galop.	dàbal —.
— au galop.	daval —.
perdre les étriers.	moy degal ya.
tomber de cheval.	dânu.
descendre de —	vala fas.
monter à —	var fas.
Le festin.	Mbôtay g.
La fête.	Hèvté g.
— publique.	Hèvté' deka.
La natation.	Mpév m.
le nageur.	févkat b.
nager.	föy.
plonger.	nûr.
Un plongeur.	Ab nûrkat.
traverser à la nage.	föy.
La pêche.	Napa b.
— de baleine.	nap'ï mbenkena.
pêcher à la ligne.	nap'ak hir.
— au filet.	mbâl.
Le filet.	Mbâl m.
La ligne.	Hir g.
L'hameçon.	Os g.
L'amorce.	Mêb b.
Le harpon.	Kada b.
Le pêcheur.	Napakat b., mbâlkat b.

pêcher.	napa.
amorcer.	mèb.
mordre à l'hameçon.	dah.
jeter le filet.	mbâl.
La promenade.	Ndohân g. dohantu b.
un promeneur.	dohantukat b.
La réunion.	Ndadé g.
la compagnie.	mbòtay g.
La soirée.	Ngonalé g.
une soirée dansante.	ngonalé mpéta.
La lutte.	Beré b.
lutteur.	berékat b.
vainqueur à la lutte.	mber m.
Le cerf-volant.	Nâval b.

Les mammifères. — Borom ènat yi.

La belette.	Mbar b.
Le chacal.	Ntila b.
La chauve-souris.	Ndugup l.
La roussette.	Tibéñ b.
L'écureuil.	Hodoh m.
L'éléphant.	Ñèy v.
La genette.	Yolan v.
L'oryctérope.	Ndahat m.
Le tragélaphe.	Dib v.
Le céphalophe.	Barôm b.
La kévelle.	Kévèl g.
Le nagor.	Mbila b.
Le galago.	Mber b.
La civette.	Dab sikor.
L'hippotrague.	Koba b.

La girafe.	Ndamala m.
Le hérisson.	Suñel.
L'hippopotame.	Léhér ḍ.
L'hyéne.	Buki b.
Le guépard.	Sâfândo s.
Le lièvre.	Leg l., ndombor l.
Le lion.	Gavndé g., Dâba.
La mangouste.	Sikor b.
La panthère.	Ténév b., séga m.,
Le porc-épic.	Sâv b.
Le zorille.	Véhéñ v.
Le rat.	Dinah ḍ.
Le phacochère.	Mbâm'ala m.
Le singe rouge, — noir.	Golo g. — koña b.
une guenon.	golo gu ḍigén.
La souris.	Dînah ḍ.
L'âne.	Mbâm-sef m.
L'ânon.	Tumbur b.
Le bélier.	Ñhâf m.
la brebis.	har mu ḍigén.
l'agneau.	mburtu m.
le mouton.	har m.
Le bouc.	Sikèt b.
une chèvre.	béy v.
un chevreau.	mboté s., tèf b.
Le dromadaire	Gélèm g.
Le serval,	Saèl b.
Le lamantin.	Lérav b.
Le marsouin.	Galér g.
Le dauphin.	Pipa b.
La baleine.	Mbénkéna m., ngâga.
Le chat.	Mûs m., vundu v.
Un chien.	Had b.

une chienne.	— bu digèn.
— de chasse.	— u reba.
Le cheval.	Fas v.
une jument.	vadau v.
un poulin.	môl s.
un étalon.	fas vu gör.
Le cheval blanc.	Ndimba m.
— pie.	baré b.
— bai.	dakôr d.
— alezan.	ngelémbu l.
— arabe.	nârugör v.
— noir.	ñûl v.
— isabelle.	oldu v.
— gris pommelé.	salâm b., baré b.
— gris.	döm i tâl b., heta b.
— bai brun.	kémba'b dahâr b.
— moucheté.	mbarhanté b.
— qui rue.	fas vu di vông.
— qui se cabre.	— vu di dañ.
une rosse.	göl b.
Le mulet.	Bôrkélé b.
Le taureau.	Yeka v.
la vache.	nag vu digèn.
le veau.	selu s.
Le porc.	Mbâm m.

Les oiseaux.

Mpita yi.

L'aigrette.	Tortor m.
Le canard.	Haghèl b.
la cane.	haghèl bu digèn.
le caneton.	tûl u haghèl.
Le coq.	Séha b.

la poule.	ganâr g.
le poussin.	Tût b.
Le dindon.	Kopin b.
la dinde.	kopin bu digèn.
Le pigeon.	Pitah m.
L'aigle.	Dahay b.
L'alouette.	Ndoh m.
Le vautour.	Tan b.
L'autruche.	Bà b., Bâñdoli b.
bécassine.	ndimbahlôr l.
La buse.	Litin b., dolonker b.
La caille	Tiprip m., prèntân m.
Le chat-huant.	Hargèt m., lôy m.
Le corbeau.	Bâhoñ b.
L'anhinga.	Ntula m.
L'épervier.	Litin.
Le faucon.	Biram-pâté b.
Le goéland.	Dor v.
Le héron.	Hoda g.
Le hibou.	Lôy b.
L'hirondelle.	Mbélâr m.
Le merle, — métallique.	Yerâyer b., — gulagul b.
Le milan.	Ndurkel m., dolonker.
Le moineau.	Sago s., savor s.
Le pélican.	Ndagabâr m., sôn m., kahoha m.
La pintade.	Nât b.
La perdrix.	Ntokêr l.
Le perroquet.	Ndamdam l.
le perroquet à collier.	toy i gèl, kélé.
Le courlis.	Ndiberlé l.
Le martin pêcheur.	Babukar b.
Le rolle.	Bahar b.
La pie.	Helâhel b.
Le pigeon ramier.	Helâhel b.

Le pivert.	Ngorlân l.
Le plongeon.	Tula m.
Le toucan.	Kolinkok b.
La tourterelle.	Pégèt m.
Le vanneau.	Vèlvèl b.

Poissons, coquillages. | Dèn yi, hor yi.

Le poisson.	Dèn v.
— de mer.	— u gèt.
— d'eau douce.	— u ndoh mu nêh.
L'anguille.	Sîk b., lamara.
La carpe	Vâs vi.
Le crabe.	Sâra b., loholân b.
L'écrevisse.	Sipasipa b.
La langouste.	Sum b.
L'huître.	Yohos g.
Les moules.	Sâtom b.
La raie.	Tumbulân v., rèyantan.
Le requin.	Tah b.
Petit requin.	Tur.
La sardine.	Ÿös b.
Le saumon.	Sâka b.
La sole.	Papâlé b., ndérër b.
Le turbot.	Takarakab b.
La dorade.	Daroñ v.
La morue.	Tôf b.
Le pilote.	Dak b.
Le brochet.	Seda b.
(poissons divers)	Silinka b.
	Hèsèv b.
	Vèhvèh b.

	Bór b.
	Kuḍali b.
Thon.	Nḍuna v.
	Sompât b.
	Yàb b.
Torpille électrique	Vañâr b.

Insectes.

Gesah ya.

L'abeille.	Yemba v.
L'araignée.	Dargoñ b.
La cigale.	Salir b.
Le cancrelat.	Kankarang b.
Le moustique.	Yò v.
L'escargot.	Arbis b., rébés b.
La fourmi.	Méléntân v.
Le frelon.	Dahtandëm v. nguri l.
— rouge.	ḍula v.
nid de ce frelon.	Ntambar l.
Le grillon.	Salir b.
La guêpe.	Nguri l.
Un scarabée.	Gunùr b.
La scolopendre.	Vorvorân v.
Une mouche.	Vëñ v.
Le moucheron.	Yûl v.
Le papillon.	Lepâlepa b.
Le perce oreille.	Karugên l.
La phalène.	Lepâlep'i gudi.
Le pou.	Têñ b.
La puce.	Fël v.
La punaise.	Mata m.
La sauterelle.	Sotèt b.

Le criquet voyageur.	Ndërër g.
Le taon.	Kôs v.
Le ver luisant.	Höyantân b.
Le scorpion.	Dit ḍ.
La termite.	Mah v.

Reptiles et sauriens.

Vatatukat.

Une chenille.	Sah v.
La grenouille, le crapaud	Mbota m.
Une limace.	Rebès b.
Une sangsue.	Vâtar v.
Une couleuvre.	Hûlûl m.
Un serpent.	Dâu ḍ.
— venimeux.	— ḍu am dagar.
L'aspic.	Ñangör m.
L'aspic.	Banda g.
Un serpent boa.	Mîv m., yêv m.
Le lézard rouge.	Tabandôr v.
La tortue de terre.	Mbonat b.
— de mer.	Ndumâr l.
Un ver.	Sah v.
— intestinal.	Sân b.
Tœnia.	Sönguf bîr.
La filaire.	Sönguf s.
Le crocodile.	Dasik ḍ.
Le caméléon.	Kakatar l.
Le gecko.	Onka b.
Le lézard.	Sindah b.
Le varan.	Mbeta m. bar b.

Sons de voix des animaux,	Sabin i rab.
L'aboiement du chien. aboyer.	Bay i had m. bay.
Le bêlement du mouton bêler.	Mèm i bar g. mèm.
Le beuglement du bœuf. beugler.	Naña b., bemb'u nag g. naña., bemba.
Le bourdonnement de bourdonner (l'abeille.	Handa b., bív u yemba b. handa, bív, rír.
Le braiement de l'âne. braire.	Ngâh i mbâm-sef g. gâh.
Le caquetage de la poule caqueter.	Dend'u ganâr g. denda.
Le chant du coq. chanter (coq.)	Sab u ganâr g. sab.
Le coassement de la gre- coasser. (nouille.	Ntôv i mbota m. sôv.
Le cri de l'aigle. crier.	Sabin i dahay g. sab.
Le croassement du cor- croasser. (beau.	Ngah i bâhoñ g. gah.
Le gazouillement. gazouiller.	Velis v., sabin g. velis, sabin.
Le gémissement de la gémir. (tourterelle.	Bini g., yercmtu'pégèt g. bini.
Le gloussement de la glousser. poule.	Dend'u ganâr g. denda.
Le hennissement du che- hennir. (val.	Ngêhal u fas g. gêhal, mêhal.
Le hurlement du loup. hurler.	Ngâh u buki g. gâh.

Français	Volof
Le jappement du petit chien. japper.	Mbéf u had bu tût. mbéf, bav.
Le miaulement du chat. miauler.	Gèvgèvu mùs m. gèv, gèvgèvi.
Le mugissement du bœuf. mugir.	Naû'u nag v. naña.
Le roucoulement du pigeon. roucouler.	Gurguri' pilah g. gurguri.
Le rugissement du lion. rugir.	Yenu'gayndé g. yenu.
Le sifflement du serpent. siffler.	Velis i dàn d. velis.

Lieux d'habitation des Animaux.

Dek'i rab yi.

Français	Volof
La bauge d'un sanglier.	Mpah i mbàm'ala m.
Une cage.	Nkâf g.
Un clapier de lapin.	Gas i ndombor b.
Une compagnie de perdrix.	Tòkèr yu anda.
La couvée.	Mbòf m.
L'écurie.	Vuda v.
L'essaim.	Hêb v.
Une étable à bœufs.	Géta g.
— à chèvres.	Ngéda g.
Une fourmilière.	Mpah i mélèntân m.
Une termitière.	Danda b.. van g.
Le gite d'un lièvre. giter.	Beré ba leg di èndu. èndu.
Un guêpier.	Tag'i nguri.
Un nid.	Taga b.
Le poulailler.	Ngunu l.
Un repaire.	Mpah m.

Une ruche.	Sungàr b.
Une tanière.	Lahukay u rab.
Une volée d'oiseaux.	Nâh u mpiţa b.
— de pigeons.	— u piţah b.
Une volière.	Déñţukay u mpiţa.

Nombres. — Voña.

Zéro.	Séro.
Un.	Bèna.
Deux.	Ñàr.
Trois.	Ñèta.
Quatre.	Ñanènt.
Cinq.	Duròm.
Six.	Duròm-bèna.
Sept.	Duròm-ñàr.
Huit.	Duròm-ñèta.
Neuf.	Duròm-ñanènt.
Dix.	Fuka.
Onze.	Fukâ'k bèna.
Quinze.	Fukâ'k duròm.
Seize.	Fukâ'k duròm-bèna.
Vingt.	Ñâr-fuka, niťa.
Vingt et un.	Ñâr-fuka'k bèna.
Vingt six.	Ñâr-fuka'k durom bèna.
Trente.	Ñèta-fuka, fanvèr, faha.
Quarante.	Ñanènt-fuka.
Cinquante.	Duròm-fuka.
Soixante.	Duròm-bèna-fuka. (na.
Soixante et un.	Duròm-bèna-fuka'k bè-
Soixante-six.	Durom-bèna-fuka'k durom
Quatre-vingt-dix.	Duròm-ñanènt-fuka.(bèna

Cent.	Tëmër.
— un.	Tëmër ak bèna.
— deux.	— — ñar.
— trois.	— — ñèta.
— quatre.	— — ñanènt.
— cinq.	— — durom.
— six.	— — durôm bèna.
— dix.	— — fuka.
— onze	— — fuka'k bèna.
— vingt.	— — ñar fuka.
Cent-trente.	— — ñèta fuka.
Cent-quarante.	— — ñanènt fuka.
Cent-cinquante.	— — durôm fuka.
Cent-soixante.	— — durôm bèna fuka
Cent soixante-dix.	— — durôm ñar fuka.
Cent quatre-vingts.	— — durôm ñèta fuka
Cent quatre-vingt-dix.	— — durôm ñanènt fu-
Deux cents.	Ñâr-tëmër. (ka.
Trois cents.	Ñèta tëmër.
Quatre cents.	Ñanènt-tëmër.
Cinq cents.	Durôm-tëmër.
Six cents.	Durôm-bèna-tëmër.
Sept cents.	Durôm-ñâr-tëmër.
Huit cents.	Durôm-ñèta-tëmër.
Neuf cents.	Durôm-ñanènt-tëmër.
Mille.	Duné.
Mille un.	Duné'k bèna.
— six.	Duné'k durôm bèna.
— six cents.	— durôm-bèna-tëmër.
Deux mille.	Ñâr-duné.
Six mille.	Durôm-bèna duné.
Million.	Nduné'nduné.

Nombres ordinaux.	Topanté.
Le premier, la première.	Ku ditu, ku deka, bènèl.
Le second, la seconde.	Ñârèl.
Le, la troisième.	Ñètèl.
— — quatrième.	Ñanèntèl.
— — cinquième.	Durômèl.
— — sixième.	Durôm-bènèl.
— — septième.	Durôm-ñârèl.
— — huitième.	Durôm-ñètèl.
— — neuvième.	Durôm-nanèntèl.
— — dixième.	Fukèl.
— — onzième.	Fukèl ak bèna.
— — douzième.	Fukèl ak ñâr.
— — treizième.	Fukèl ak ñèta.
— — quatorzième.	Fukèl ak ñanènt.
— — quinzième.	Fukèl ak durôm.
— — seizième.	Fukèl ak durôm-bèna.
— — dix-septième.	Fukèl ak durôm-ñâr.
— — dix-huitième.	Fukèl ak durôm-ñèta.
— — dix-neuvième.	Fukèl ak durôm-ñanènt.
— — vingtième.	Ñâr-fukèl.
— — ving et unième.	Ñâr-fukèl ak bèna.
— — trentième.	Ñèta-fukèl.
— — cinquantième.	Durôm-fukèl.
— — soixantième.	Durôm-bèn fukèl.
— soixante et onzième.	Durôm-ñâr-fukà k bènèl
— — centième.	Tèmèrèl.
— — cent unième.	Tèmèrèl ak bèna.
— — deux centième.	Ñâr-tèmèrèl.
— — millième.	Ndunèl.
— — millionième.	Nduné'ndunèl.

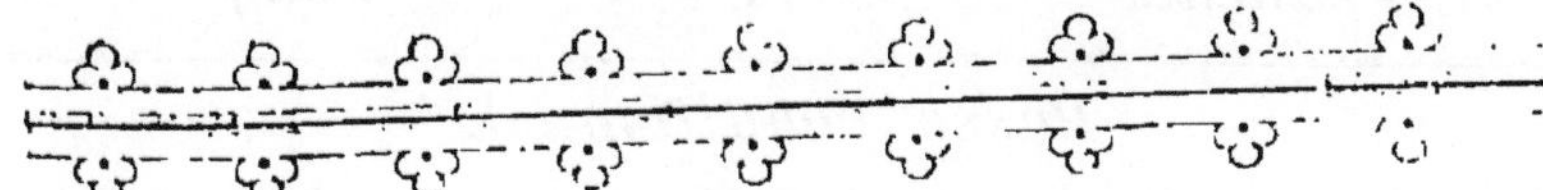

CONJUGAISONS

LE VERBE ÊTRE
conjugué avec des substantifs.

AFFIRMATIVEMENT.

INDICATIF.

Présent.

Je suis roi	Mangi di bûr
Tu es soldat	Yangi di harékat
Il est esclave	Mungi di dàm
Nous sommes hommes	Nungi di i nit
Vous êtes des anges	Yên angi di i malàka
Il sont des saints.	Ñunga di ñu sèla.

Imparfait.

J'étais un marchand	Dòn nà dàykat
Tu étais acheteur	Dòn nga dendakat
Il était interprète	Dòn na lapato
Nous étions juges	Dòn nanu i atékat
Vous étiez avocats	Dòn ngên i layékat
Ils étaient témoins.	Dòn nañu i sèrndé.

Passé conditionnel.

J'aurais été l'envoyé du roi	Kon ma di ndav al bûr.
Tu aurais été son cour- tisan	Kon ṅga di dag am
Il aurait été son écuyer	Kon ṅu di santà'm
Nous aurions été princes	Kon nu di i gélavar
Vous auriez été ministres	Kon nu di i farba
Ils auraient été des no- bles.	Kon ñu di dâmbûr.

Futur simple.

Je serai empereur	Di nâ di bûr-fari
Tu seras l'héritier	Di ṅga di donakat
Il sera généralissime	Di na di darâf
Nous serons de bons ca- valiers	Di nanu di i gavar yu bàh
Vous serez de courageux fantassins	Di ngën di i lîr yu ñé- mëñ
Ils seront de nombreux archers.	Di nañu di i félakat yu baré.

Futur conditionnel.

Je serais maçon	Di nâ kon di tababkat
Tu serais forgeron	Di ṅga kón di tega
Il serait cordonnier	Di na kon di ûdé
Nous serions laboureurs	Di nanu kon di i bèykat
Vous seriez tisserands	Di ngën kon di i raba
Ils seraient pêcheurs	Di nañu kon di i napakat

SUBJECTIF.

Présent.

C'est moi qui suis le ber.	Mâ di sama bi
C'est toi qui es médecin	Yâ di fadkat
C'est lui qui est le mala.	Mô di darak da
C'est nous qui sommes les sourds (aveugles	Nô di teh yi
C'est vous qui êtes les	Yën a di silmaha yi
Ce sont eux qui sont les paralytiques	Ñô di lafañ yi.

Passé absolu.

C'est moi qui étais maître d'école	Mâ dòn dangalkat
C'est toi qui étais écolier	Yâ dôn ndongo
C'est lui qui était chef	Mô dòn ndit
C'est n. qui étions boulangers	Nô dòn lakakat i mbûru
C'est vous qui étiez meunier (cuisinier,	Yën a dòn bodakat
Ce sont eux qui étaient	Ñò dòn togakat.

CONDITIONNEL.

Futur.

C'est moi qui serais son compagnon (de	Mâ kon di anda'm
C'est toi qui serais guirier	Yâ kon di vonékat i yôn
C'est lui qui serait courrier	Mô kon di yonèt

C'est nous qui serions fidèles (traîtres	Nô kon di i nit ñu taku
C'est vous qui seriez	Yën a kon di i orkat
Ce sont eux qui seraient ennemis.	Ñô kon di i mbañ.

OBJECTIF.

Présent.

C'est chrétien que je suis	Kértën lâ
C'est impie que tu es	Yifar nga
C'est musulman qu'il est	Seriñ la
—volofs—nous sommes	Volof la ñu
—européens—vous êtes	Tubàb ngën
C'est sérères qu'il sont.	Sérèr la ñu

Passé absolu.

C'est blanchisseuse que j'étais (tu étais	Fôtkat lâ ôn
C'est une couturière que	Ñavkat nga ôn
C'est mère de roi qu'elle était	Lingèr la vôn
C'est femmes de la reine que nous étions	I ndûkân la ñu vôn
C'est princesses du sang que vous étiez	I gëlavar yu digën ngën vôn.
C'est filles de roi qu'elles étaient.	I dôm i bûr la ñu vôn.

CAUSATIF.

Présent.

Français	Volof
C'est que je suis un nageur	Da ma di fëykat
C'est que tu es un homme d'épée	Da nga di nit i haré
C'est qu'il est un collecteur d'impôts	Défa di sàbsàb
C'est que nous sommes des tentateurs	Da nu di i firkat
C'est que vous êtes des docteurs	Da ngën di i demantalékat
C'est qu'ils sont des plongeurs.	Da ñu di i nûrkat.

Passé absolu.

Français	Volof
C'est que j'étais chef	Da ma dòn kélifa
C'est que tu étais un fainéant	Da nga dòn taèlkat
C'est qu'il était un homme loyal	Défa dòn nit ku goré
C'est que nous étions des hommes forts	Da nu dòn i ponkal
C'est que vous étiez des insensés	Da ngën dòn i gör yu dof
C'est qu'elles étaient des folles.	Da ñu dòn i digèn yu dof.

CONDITIONNEL.

Futur.

Français	Volof
C'est que je serais nattier	Da ma kon di rabakat i lal i degèt

Français	Volof
C'est que tu serais un arpenteur	Da nga kon di natakat i sûf
C'est qu'il serait un fondeur	Dèfa kon di séyalkat i vèñ
C'est que nous serions des mendiants	Da ñu kon di yéluvankat
C'est que vous seriez des laitières	Da ngën kon di i daykat i sôv
C'est qu'ils seraient des voisins.	Da nu kon di i dekando

IMPÉRATIF.

Direct.

Sois roi	Dêl bûr
Soyez rois.	Dê lën i bûr.

Indirect.

Que je sois un joueur	Nâ di urikat
Que tu sois un harpon- neur (neur	Na nga di sanikat i kada
Qu'il soit un moisson-	Na di göbkat
Que nous soyons des guérisseurs (deurs	Na nu di i rêgalkat
Que vous soyez des rô-	Na ngën di i tembalukat
Qu'ils soient des rameurs	Na ñu di i dôvkat.

SUPPOSITIF.

Présent et futur.

Si je suis prophète	Su ma dê yonènt
Si tu es prêtre	Sô di parêtar

Français	Volof
S'il est homme	Su di nit
Si nous sommes bons cavaliers (libres	Su nu di i gavar yu bah
Si vous êtes hommes	Su ngën di i dâmbur
S'ils sont esclaves.	Su ñu di i dàm.

Passé.

Français	Volof
Si j'étais sonneur	Su ma dôn tegakat
Si tu étais frondeur	Sô dôn sanikat i mbaha
S'il était un voleur	Su dôn satakat
Si nous étions mille	Su nu dôn nduné nit
Si vous étiez parents	Su ngën dôn i mboka
S'il étaient lutteurs.	Su ñu dôn i berékat.

NÉGATIVEMENT.

INDICATIF.

Présent.

Français	Volof
Je ne suis pas un écrivain	Du ma bindakat
Tu n'es pas mon hôte	Dô suma gan
Ce n'est pas une femme	Du digèn
Nous ne sommes pas des enfants	Du nu i halèl.
Vous n'êtes point des jeunes gens	Du lën i vahambâné
Ils ne sont pas vieux	Du ñu i magèt.

Passé absolu et relatif.

Français	Volof
Je n'étais pas un cruel	Du ma von nit ku nëg
Tu n'étais pas un envieux	Dô von añanékat

Il n'était pas avare	Du von ku négari
Nous n'étions pas pares-seux (gnes	Du nu von j taèl
Vous n'étiez pas ivro-	Du lën von i nânkat
Ils n'étaient pas gour-mands.	Du ñu von ñu fuhalé.

CONDITIONNEL.

Passé.

Je n'aurais pas été un devin	Kon du ma gisânékat
Tu n'aurais pas été un sorcier	Kon dô dema
Il n'aurait pas été un menteur	Kon du fënkat
Nous n'aurions pas été colères	Kon du ñu mèrkat
Vous n'auriez pas été rancuniers	Kon du lën tongôkat
Ils n'auraient pas été imposteurs.	Kon du ñu nâfêha.

Futur.

Je ne serais pas muet	Du ma kon di lu
Tu ne serais pas borgne.	Dô kon di pata.
Il ne serait pas bancal	Du kon di sôhkat
Nous ne serions pas (pauvres	Du nu kon di i badôla
Vous ne seriez pas des étrangers 'leurs	Du lën kon di i dohan
Ils ne seraient pas vo-	Du ñu di i saṭakat.

SUBJECTIF.

Présent.

Français	Volof
C'est moi qui ne suis pas un jureur	Mâ dul geñkat
— toi qui n'es pas pieux	Ya dul dulit
— lui qui n'est pas un emprunteur	Mô dul lêbkat
C'est nous qui ne sommes pas des prêteurs	Nô dul i lêblékat
C'est vous qui n'êtes pas moissonneurs	Yën a dul i göbkat
Ce sont eux qui ne sont pas matelots.	Ñô dul i nit i gâl.

Passé absolu.

Français	Volof
C'est moi qui n'étais pas un songeur	Mâ dul òn géntakat
— toi qui n'étais pas un babillard	Yâ dul òn vahkat
— lui qui n'était pas pensif	Mô dul òn halâtkat.
C'est nous qui n'étions pas de bons tireurs	Nô dul òn i dana
— qui n'étiez pas hypocrites	Yën a dul òn i mikar
Ce sont eux qui n'étaient pas disputeurs.	Ñô dul òn i hulokat.

Futur conditionnel.

Français	Volof
C'est moi ne serais pas querelleur	Mâ kon dul amlékat
C'est toi qui ne serais pas médisant	Yâ kon dul devkat

6

C'est lui qui ne serait pas un vaurien	Mô kon dul sâysày
C'est nous qui ne serions pas assassins	Nô kon dul i bömkat
C'est vous qui ne seriez pas des pillards	Yën a kon dul i lelkat
Ce sont eux qui ne seraient pas oppresseurs.	Ñô kòn dul i dàntukat.

PROHIBITIF.

Direct.

Ne sois pas un trompeur	Bul di nahékat
Ne soyez pas des adultères.	Bu lën di i dalokat.

Indirect.

Que je ne sois pas gardien.	Bu ma di topatokat
Qu'il ne soit pas chasseur	Bu mu di rebakat
Que nous ne soyons pas débiteurs	Bu nu di i lëbkat
Qu'ils ne soient pas décorateurs.	Bu ñu di i nahatkat

LE VERBE IMPERSONNEL « C'EST ».

Affirmativement.

Présent.

C'est moi	Man la
C'est toi	Yov la

C'est lui	Môm la
C'est Pierre	Pèr la
C'est nous	Nun la
C'est vous	Yên la
C'est eux	Ñôm la
Ce sont des arbres.	I garap la.

Passé absolu.

C'était moi	Mân la vòn
C'était toi	Yov la vòn
C'était lui	Môm la vòn
C'était Samba	Samba la vòn
C'était nous	Nun la vòn
C'était vous	Yên la vòn
C'était eux	Ñôm la vòn
C'étaient des maisons.	I ker la vòn.

Passé conditionnel.

C'eût été moi	Man la kon
C'eût été toi	Yov la kon
C'eût été lui	Môm la kon
C'eût été Jean	Sang la kon
C'eût été nous	Nun la kon
C'eût été vous	Yên la kon
C'eussent été eux.	Ñôm la kon.

Négativement.

Présent.

Ce n'est pas moi	Du man
Ce n'est pas toi	Du yov
Ce n'est pas lui	Du môm
Ce n'est pas un européen	Du tubâb

Ce n'est pas nous	Du nun
Ce n'est pas vous	Du yën
Ce ne sont pas eux.	Du ñôm.

Passé absolu.

Ce n'était pas moi	Du vôn man
Ce n'était pas toi	Du vôn yov
Ce n'était pas lui	Du vôn môm
Ce n'était pas Pierre	Du vôn Pêr
Ce n'était pas nous	Du vôn nun
Ce n'était pas vous	Du vôn yën
Ce n'étaient pas eux	Du vôn ñôm.

Passé conditionnel.

Ce n'eût pas été moi	Du kon man
Ce n'eût pas été toi	Du kon yov
Ce n'eût pas été lui	Du kon môm
Ce n'eût pas été nous	Du kon nun
Ce n'eût pas été vous	Du kon yën
Ce n'eussent pas été eux.	Du kon ñôm.

LE VERBE ÊTRE
conjugué avec des qualificatifs.

Affirmativement.

Aoriste.

Je suis garant	Do nâ varlukat
Tu es un rapporteur	— nga durâlékat
Il est un acheteur	— na dëndakat
Nous sommes chicaneurs	— nanu i dëmtukat
Vous êtes des circoncis-	— ngën i gâmânkat
Ils sont poltrons. {scirs}	— ñañu i ragalkat.

Présent actuel.

Me voici être un esclave	Mangi do dàm
Te voici être un armu-rier (geur)	Yangi do dèfarkat i ga-nay
Le voici être un char-	Mungi do èbkat
Nous voici être cordiers (meurs)	Nungi do i dèfarkat i bûm
Vous voici être des dor-	Yèn angi do i nélavkat
Les voici être des don-neurs.	Ñungi do i mayókat.

Passé absolu et relatif.

J'étais orateur	Do òn nâ borom kadu
Tu étais un danseur	Do òn nga féḷakat
Il était un chanteur	— òn na voykat
Nous étions des siffleurs	— òn nanu i veliskat
Vous étiez des gardes	— òn ngën i votukat.
Ils étaient disputeurs.	— òn nañu i hulòkat

Passé conditionnel.

J'aurais été un homme adroit	Do kon nâ vâné
Tu aurais été un igno-rant	Do kon nga pung
Il aurait été roi	Do kon na bûr
Nous aurions été fos-soyeurs	Do kon nanu i gaskat i bamèl
Vous auriez été cajoleurs	Do kon ngën i nèhalkat
Ils auraient été des pro-tecteurs.	Do kon nañu i sanga.

Futur simple.

Je serai un homme grand	Di nâ do nit ku guda
Tu seras un homme sage	Di nga nit u sago

Français	Volof
Il sera un ami sûr	Di na do harit bu òr
Nous serons des hon-nêtes gens	Di nanu do i nit ñu dub
Vous serez des anges	Di ngën do i malàka
Ils seront bienheureux	Di nañu do i tëhël.

Futur conditionnel.

Français	Volof
Je serais roi	Di nà kon do bûr
Tu serais esclave	Di nga kon do dam
Il serait libre	Di na kon do dàmbur
Nous serions courageux	Di nanu kon do dàmbàr
Vous seriez des lâches	Di ngën kon do i ragal
Ils seraient effrayés.	Di nañu kon do ñu domi

Négativement.

Présent.

Français	Volof
Je ne suis rien	Dou ma dara
Tu n'es pas un fou	Dou la dof
Elle n'est pas belle	Doul ku rafët
Nous ne sommes pas des femmes mariées	Dou nu i dëk
Vous n'êtes pas veuves	Dou lën i dotin
Ils ne sont pas orphelins	Dou ñu i bâyo.

Passé.

Français	Volof
Je n'étais pas infirme	Dou ma vòn darak
Tu n'étais pas planteur	Dou la vòn dikat
Ce n'était pas son enfant	Doul vòn dòm am
Nous n'étions pas joueurs	Dou nu vòn i foantukat
Vous n'étiez pas gra-veurs (cheurs	Dou lën vòn fitkat
Ils n'étaient pas cher-	Dou ñu vòn i ûtkat.

Passé conditionnel.

Je n'aurais pas été roi	Du ma kon do bûr
Tu n'aurais pas été es-clave	Dô kon do dâm
Il n'aurait pas été un homme	Du kon do nit
Nous n'aurions pas été princes	Du nu kon do i gélavar
Vous n'auriez pas été bons cavaliers	Du lën kon do i gavar
Ils n'auraient pas été fantassins.	Du ñu kon do i lîr

Futur.

Je ne serai pas un trans-fuge	Du ma do dambukat
Tu ne seras pas un squelette	Dô do i yah i nën
Il ne maudira pas tou-jours	Dô do mölukat
Nous ne serons pas des fendeurs	Du nu do i harkat
Vous ne serez pas pil-lards	Du lën do i gîrkat
Ils ne seront pas des (cadavres.	Du ñu do i nîv

VERBES QUALIFICATIFS.

Affirmativement

ÉNONCIATIF.

Aoriste.

Je suis bon	Bâh nâ
Tu es saint	Sèla nga
Il est beau	Rafèt na
Nous sommes heureux	Bèg nanu
Vous êtes justes	Dub ngèn
Ils sont propres.	Sèt nañu.

Présent.

Voici que je suis laid	Mangi ñàv
Voici que tu es franc	Yangi lèv
C'est tranchant	Mungi ñav
Nous sommes lourds	Nungi dis
Vous êtes légers	Yèn angi voyèf
Ils sont plats.	Ñungi tèla

Passé absolu.

J'avais froid	Liv ôn nâ
Tu étais insensible	Derkis ôn nga
Il était petit	Gat ôn na
Nous étions rouges	Honh ôn nanu
Vous étiez noirs	Ñûl ôn ngèn
Ils étaient blancs	Vèh ôn nañu.

Futur.

Je serai méchant	Di nâ sòhor
Tu seras honteux	Di nga toroh
Il sera orgueilleux	Di na gabu

Français	Volof
Nous serons fatigués	Di nanu lola
Vous serez courageux	Di ngën ñëmën
Ils seront laborieux.	Di nañu savar

Passé conditionnel.

Français	Volof
J'eusse été libéral	Yévén kon nâ
Tu aurais été loyal	Goré kon nga
Il eût été méchant	Sohor kon na
Nous aurions été indolents	Taèl kon nanu
Vous auriez dégénéré	Gali kon ngën
Ils auraient été courageux.	Ñëmëñ kon nañu

Futur conditionnel.

Français	Volof
J'aurais excellé	Di nâ kon vané
Tu serais prompt	Di nga kon gav
Ce serait mal	Di na kon bon
Nous serions bien élevés	Di nanu kon yaru
Vous seriez aimants	Di ngën kon sopé
Ils seraient jaloux.	Di nañu kon fir.

SUBJECTIF.

Aoriste.

Français	Volof
C'est moi qui suis rusé	Mâ mûs
C'est toi qui es sot	Yà dof
C'est lui qui est stupide	Mô ñoradi
— n. — sommes plus agés	Nô mag
— v. — êtes soupçonneux	Yén a fôg
Ce sont eux qui sont adroits.	Nô héréñ.

Passé absolu.

Français	Volof
C'est moi qui ai été patient.	Mà muñ òn
C'est toi qui as été impatient.	Yà muñadi òn
C'est lui qui a été affable	Mò yomb'òn
C'est nous qui avons été discrets	Nô nopi òn
C'est vous qui avez été pétulants	Yèn a yengatu vòn
Ce sont eux qui s'étaient accordés.	Ñò mené òn.

Futur.

Français	Volof
C'est moi qui deviendrai mince	Mà di sèvi
C'est toi qui seras vieux	Yà di magèti
C'est lui qui sera fort.	Mò di didi
C'est nous qui serons fermes	Nò di dégéyi.
C'est vous qui serez méchants	Yèn a di sohori
C'est eux qui seront bien constitués.	Ñò di yâi.

Passé conditionnel.

Français	Volof
C'est moi qui aurais été bon	Mâ bàh kon
C'est toi qui aurais été heureux	Ya tèhé kon
C'est lui qui aurait été joyeux (été insatiable.	Mò bëg kon
C'est nous qui aurions	Nò begé kon

C'est vous qui auriez été obéissants	Yën a dégalé kon
Ce sont eux qui auraient été doux.	Ñò lévèt kon.

Négativement.

ÉNONCIATIF.

Présent.

Je ne suis pas difforme	Lagiu ma
Tu n'es pas laid	Ñàvu la
Ce n'est pas insipide	Safadiul
Nous ne sommes pas vieux	Magètu nu
Vous n'êtes pas fidèles	Takuvu lën
Ils ne sont pas lâches.	Ragalu ñu

Passé.

Je n'étais pas ferme	Degeru ma vòn
Ce n'était pas doux.	Néhul òn.

Futur.

Ce ne sera pas facile	Du yombi
Ce ne sera pas convenable.	Du tédi

Passé conditionnel.

Il n'eût pas été trop fier	Gabuvul kon
Ils n'eussent pas été fatigués.	Lotu ñu kon.

Futur conditionnel.

Ce ne serait pas rare	Du kon ḍa ëñi
Vous ne seriez pas hon- teux.	Du ngën kon rusi.

SUBJECTIF.

Présent.

C'est moi qui ne suis pas crédule	Mâ gemévul
C'est toi qui n'es pas remuant	Yâ sobul.

Passé.

C'est lui qui n'était pas joyeux	Mô bëgul ôn
C'étaient les poignards qui n'étaient pas affilés	Gobar yâ lévul ôn.

Futur.

C'est nous qui ne serons pas diligents	Ñô dul savari
C'est vous qui ne serez pas silencieux	Yën a dul nopoḍi
Ce sont eux qui ne se- ront pas paresseux.	Ñô dul taèli.

Passé conditionnel.

C'est la terre qui aurait été stérile	Sûf së nanguvul ôn
C'est la pioche qui n'au- rait pas été pesante.	Tos bë disul kon

CONJUGAISON
des verbes d'ÉTAT et d'ACTION.

AFFIRMATIVEMENT.

ÉNONTIATIF.

Aoriste.

J'aime Dieu	Sopa nâ Yalla
Nous avons ouï sa pa- (role	Déga nanu bât am.

Présent.

Voici que je crois	Mangê gem
Voici que tu vois.	Yangê gis

Passé absolu.

Il avait haï le péché	Bañ ôn na bakâr
Ils avaient labouré un champ.	Bèy ôn nañu tôl.

Passé relatif.

Tu détestais ton crime	Dôn nga rêtu sa ñâvtèf
Vous parliez de lui.	Dôn ngën ko vahtâné.

Futur.

Il mourra un jour	Di na dë bès
Ils tomberont.	Di nañu dânu.

Futur conditionnel.

Je l'aurais méprisé	Hêb kon nâ ko
Nous l'aurions acheté.	Denda kon nanu ko.

SUBJECTIF.

Aoriste.

C'est moi qui possède ce cheval	Mâ môm fas vilé
C'est nous qui avons mangé les poissons.	Nô léka dén ya.

Présent.

C'est toi qui désires le bien	Yâ di bega lu bâh
C'est vous qui nous sauvez.	Yën a nô musal.

Passé absolu.

C'est lui qui nous avait haï	Mô nu bañ ôn
Ce sont eux qui l'avaient prohibé.	Ñô ko téré vòn.

Passé relatif.

C'est moi qui possédais le cheval	Mà dòn môm fas va
C'est nous qui parlions.	No dòn vah.

Futur.

C'est toi qui habiteras avec Pierre	Yâ di dekê Pér
C'est vous qui causerez	Yën a di vahtâni.

Futur conditionnel.

C'est lui qui comprendrait le volof	Mô déga kon volof
ce sont eux qui iraient en France.	Ñô kon dèm Tugal.

OBJECTIF.

Aoriste.

C'est avec vous que j'ai à faire	Yov lâ digâlèl
c'est vous que j'ai nommés.	Yèn lâ tuda.

Présent.

C'est Dieu que tu sers	Yalla nga di topa
ce sont les étoiles que vous considerez	Bidëv yi ngèn di sèt

Passé absolu.

C'est Pierre qu'il avait appelé	Pêr la tud'ôn
c'est du poison qu'ils avaient avalé.	Hompay la ñu von'ôn.

Passé relatif.

C'est en lui que j'espérais	Ti môm lâ dôn yâkar
c'est de miel que nous nous nourissions.	Lèm la nu dôn dundé.

Futur.

C'est de lui que tu feras un ami	Mòm nga di haritodi
c'est un lion que vous tuerez.	Gayndé ngën di rèyi.

Futur conditionnel.

C'est là qu'il irait demeurer	Fofa la kon deki
c'est un tigre qu'ils prendraient.	Ténèv la ñu kon dapi.

CAUSATIF.

Aoriste.

C'est que je vous révère	Da ma la èrsa
c'est que nous l'avons châtié.	Da nu ko dân.

Présent.

C'est que je vous aime	Da ma la di sopa
c'est que nous le regardons.	Da nu ko di sèt.

Passé absolu.

C'est que tu l'avais craint	Da nga ko ragal on
c'est que vous l'aviez fait.	Da ngën ko dèf on.

Passé relatif.

C'est que tu me respec- | Da nga ma dòn rus
tais
c'est que vous nous | Da ngën nu dòn nég.
attendiez.

Futur.

C'est qu'il sera en vo- | Dèfa lukiḍi
yage
c'est qu'ils viendront. | Dé nô dikasi.

Futur conditionnel

C'est qu'il serait fatigué | Dèfa lota kon
c'est qu'ils tomberaient. | Dé ñu dànu kon.

IMPÉRATIF.

Aime Dieu | Sopal Yalla
Honorez les vieillards. | Téral lën magèt yi.

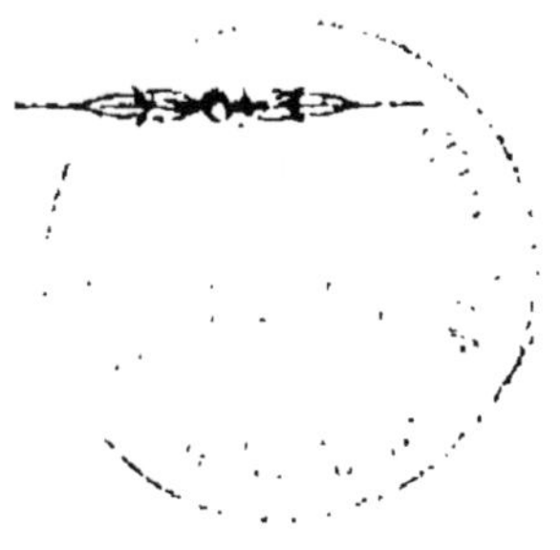

PHRASES ÉLÉMENTAIRES.

Pour saluer et demander des nouvelles de quelqu'un.	**Ṭi neyô ak ḍamanté.**
———	———
Bonjour, Monsieur.	Kèvu, ḍara kèvu. *pl.* kèvu yĕn, ḍara lĕn kèvu.
Comment avez vous passé la nuit ?	Mbàr ḍama nga fanânô? *pl.* mbàr ḍama ngĕn fanânô ?
Comment vous portez vous ce matin ?	Naka nga ṭi lelek si ? *pl.* naka ngĕn ṭi lelek si ?
Fort bien, Dieu merci.	Ḍama dâl, Yallà derédef !
Comment se porte monsieur votre père ?	Sa bày ḍama dâl la am
Il se portait bien hier au soir ?	Ḍama lâ ko bayê bîg.
Où est-il ?	Ana mô ?
Il est sorti.	Dĕfa gĕna.
Comment se porte madame votre mère ?	Sa ndèy ḍama rèka la am ?
Elle ne se porte pas bien, et est alitée depuis hier matin.	Yaram am nèhul, té mungi teda dĕmba ṭa lelek bè tèy.

Français	Volof
Offrez ma salutation à madame votre mère.	Neyul ma sa ndèy bé mu baré.
Elle l'entendra.	Di na ko déga.
Vous partez déjà ?	Da ngâ dèm dèg.
J'ai des affaires pressantes.	Da ma dapa ligéy.
Je n'étais venu que pour voir comment vous vous portiez.	Da ma ñev vòn sètsi réka naka nga dèf.
Je vous remercie de votre visite.	Derédef li sa neyo.
Dites bien des choses de ma part chez vous	Neyul ma sèn vâ-ker.
Je vous souhaite un bon jour.	Endu lèn dama.
Je vous souhaite une bonne nuit.	Fanân lèn ak dama.
Bonjour.	Kèndu. *pl.* kèndu yèn.
Bonsoir.	Gonal. *pl.* gonal lèn.

LE TEMPS.

Asaman si.

Français	Volof
Quel temps fait-il ?	Naka la asaman mèl ?
Il fait un très beau temps.	Asaman si rafèt na lôl.
Je crois que nous aurons une journée sans pareille.	Défé na né di na nu am betek bu amul morom
Il commence à faire bien chaud.	Nad vâ'ngé tangasi di
Je pense qu'il pleuvra dans l'après diner.	Fôg nâ né di na tav ti génav betek.

Français	Volof
Ne voyez vous pas là-bas ces gros nuages.	Gisu la nir yu réy yalé ?
Mais le temps pourrait s'embellir.	Vandé asaman si men nâ sèt ati.
Je ne le crois pas, la chaleur est étouffante.	Gemu ma ko, tangay bi méti na lôl.
Il n'y a pas de vent.	Ngélav amul.
Le ciel se couvre.	Asaman sâ 'ngé hin.
J'entends le tonnere	Jangé déga denu bi.
Il fait beaucoup d'éclairs.	Mungé mélah lôl.
Nous aurons de l'orage.	Di na ngéláné bu méti.
Il tombe des gouttes de pluie.	Mungé vis.
Il pleut maintenant bien fort.	Tav bâ 'ngé rutututi nak
Le froid devient piquant.	Liv bâ 'ngé ḍamé.
Le temps s'éclaircit.	Asaman sâ 'ngé sèt.
Le soleil reparait.	Nad vâ 'ngêti.
Il ne ferait pas bon sortir maintenant.	Géna nêhul lëgi.
Le temps est à la pluie.	Dèfa navètal.
Il fait de la rosée.	Dèfa layi.
La brume est intense.	Til bi méti na.
Il fait bien chaud.	Tanga na lôl.
Cette journée est très agréable.	Beḷek bi nèh na lôl.
Il fait froid.	Sèda na , liv na.
Aujourd'hui il fait sec.	Bès i lèy bê ' ka vov.
Il fait beaucoup de vent	Ngélav li baré na.
La nuit est bien sombre.	Gudi gi tîm na.
Il fait clair de lune.	Vêr vi lèr na.

Français	Volof
Voici une belle nuit, vraiment.	Gudi gu rafèt angi môs
Pensez vous qu'il en sera ainsi toute la nuit.	Défé nga né di na mél nònu gudi gi gép ?
J'en suis sûr.	Or na ma.

Boire et manger.

Lékâ'k nân.

Français	Volof
Avez vous faim.	Hif ngê 'm ?
Non, je n'ai pas faim.	Dèt, hifu ma.
J'ai bien faim.	Hif nâ lôl.
Eh bien, prenons quelque chose.	Na nu ñam mbôk léf.
Oui.	Vav.
Que voulez-vous manger ?	Lan nga bega lèka ?
Que désirez-vous davantage ?	Lo gen a bega ?
N'importe quoi ?	Lu ma dot-a-dot.
Vous ne mangez pas	Dô lèka ?
Je vous demande pardon, je mange très-b.	Ahakañ, mangè lèka bu bâh.
La soif me presse plus que la faim.	Nàn là gen a sohla asté lèka.
Voici un verre de vin.	Tanh'i bîñ angi.
Vous ne buvez pas ?	Dô nân ?
N'avez-vous pas soif ?	Maru là'm ?
J'ai soif.	Mar nâ.
Je meurs de soif.	Mangè dë ak mar.
Donnez-moi de l'eau s'il vous plait.	May ma ndoh, lêl.
Prenez un verre de vin.	Delal tanh'i biñ.

Non, je vous remercie, je préfère un verre d'eau.	Dët, déra def, tanh'i ndoh a ma genal.
Avez-vous du lait ?	Am nga sòv, mèv ?
Aimez-vous le thé ?	Bega nga duté ?
C'est un verre de vin de palme ou de rondier que je voudrais boire.	Tanh'i senga mbà rof là bega nàn.
Prenez un verre de bière.	Ḍelal tanh'i bèr.
Voici un verre d'eau-de-vie.	Tanh'i sangarâ 'ngi.
Aimez-vous cette boisson ?	Sopa nga nàn gilè'm ?

Pour questionner et répondre	**Ṭi láḍtê'k tontu.**
Venez, que je vous parle.	Ñeval, ma vah la.
Est-ce que vous m'appelez ?	Ndah da nga mâ ó ?
Oui, je veux vous dire quelque chose.	Vâv, da ma la bega vah lef.
Est-ce que vous voulez causer avec moi ?	Ndah da nga bega vah-tân ak man ?
Écoutez-moi, c'est à vous que je m'adresse.	Déglu ma, ndè yov là di vah.
M'entendez-vous ?	Déga nga mà'm ?
Que dites vous ?	Lô di vah ?
Je vous ai appelé cinq ou six fois.	O nâ la ḍurom bè ḍurom-bèn'i yòn.

Français	Volof
Etes-vous sourd ?	Da nga teb ?
Non, je ne suis pas sourd.	Dédët, tebu ma.
Alors vous m'avez entendu.	Dég'òn nga ma mbòk.
Qu'avez-vous dit ?	Lan nga vah ?
Je n'ai rien dit.	Dara lá vahul.
Ce n'est pas à vous que je parlais.	Du yov là dòn vah.
C'est à moi que vous vous adressiez car je vous ai entendu.	Man nga dòn vah, ndégé déga nâ la.
Qu'est-ce qui vous empêchait de me répondre alors ?	Lu la téré von a tontu mbok ?
Vous devez répondre quand on vous parle.	Var ngâ tontu su ñu là adu.
Comprenez-vous.	Déga nga ?
M'entendez-vous maintenant ?	Déga nga ma nak ?
Mais il refuse de m'écouter.	Bañ na mà déglu.
Pourquoi ne répondez vous pas ?	Lu la téré tontu ?
Je ne faisais pas attention à la conversation.	Du vahtàn vi là don topato.
Je vous entends bien maintenant.	Mangi la sog a déga nak
Puisque vous êtes si attentif, vous me répéterez ce que je vais vous dire.	Ndèm yângi mâ déglu, di nga ma vahât li ma là vahi.
Dites donc.	Vahal mbòk.
Pouvez-vous répéter ce que je viens de dire ?	Ndah men ngâ vahati li ma vah lëgi ?

Français	Volof
C'est très aisé.	Yomba na lòl .
C'est aisé pour vous mais non pour moi.	Yomba na là, vandé yombu ma.
Vous devez parler distinctement.	Dêl, vah bèna-bèn.
Ne parlez pas si vite.	Bul di vah bu gâv.
Parlez plus lentement je vous en prie.	Vahal bèna-bèna, lêl !
Ayez la bonté de répéter.	Vahât ko, lêl.
Comprenez-vous l'Anglais ?	Déga nga Angalé ?
Je comprends tous les mots, soit anglais soit français.	Déga nà bât yi yépa mu di angalé, mu di faransé.
Mais je ne parle ces langues que très peu.	Vandé lu nëv là ti men a vah.
Je crois que vous les parlerez très bien.	Défé nâ né di nga lèn láki bu bâh.
Qu'est-ce que cela ?	Li lan la ?
Comment s'appelle ceci	Naka la lilé tuda ?
On l'appelle...	. . . . la tuda.
C'est ce qu'on nomme..	Lôlu la ñó tudé......
Qui vous l'a dit ?	Ku la ko vah.
C'est que je le sais.	Da ma ko ham.
Parlez.	Vahal.
Taisez-vous.	Nopil.
Ne parlez pas si haut.	Bul di sòv nônu.
Parlez plus haut.	Vahal bu gen a kové.

LE SOIR	Ngomal li.
Il commence à se faire tard.	Mungé gudisi.
Point du tout, dix heures à peine sonnent.	Dëdët, fuka rëkà tega.
Nous ne nous couchons jamais avant...heures	Du nu teda muka bala . . . . i vahtu.
Nôtre hôte n'est pas encore rentré.	Sunu gan ba délusé ngul.
Je ne crois pas qu'il tarde.	Gemu ma né di na yàgati.
C'est à cette heure qu'il rentre.	Vahtu vilé la dàn ñev.
On frappe à la porte.	Nungé dor la bunta ba.
Ce sera lui.	Môm là nëki.
C'est juste lui.	Môm sahsab la.
Ne vous ai-je pas fait attendre?	Harlovu ma lën mbá ?
Point du tout.	Dëdët.
Comment avez-vous trouvé votre promenade de ce soir?	Naka sa dohantu bi ti ngôn ?
Il fait une soirée charmante.	Ngonal gu rafët la.
Il fait bon voyager de nuit.	Riñan nêh na ti luki.
Aussi ai-je rencontré des voyageurs qui se proposent de continuer leur route jusqu'au matin.	Lôlô lah lasé nà i nit ñu bega rañan gudi gi gépa.
Ils auraient mieux fait de partir au chant du coq.	Sab-ganarô gen kou ti ñôm.

Oui. mais ils seraient arrivés un peu tard demain.	Vâv, vandé kon nu nâdé aga elek.

Aller et venir. — Dèm ak délusi.

Où allez-vous ?	Fò dem ? fò di dèm ?
Je viens vous faire mes adieux.	Da ma lâ tagusi.
Je vais quitter cette ville.	Mangê géna deka bi.
Allez-vous loin ?	Da ngá tuki fu sorèy ?
Je vais à Saint-Louis.	Da mà dèm Ndar.
Je vais à la maison.	Da mà dèm sunu ker.
Quand reviendrez-vous	Kañ ngâ délusi?
Quand serez-vous de retour ?	Kañ ngâ ñibisi ?
Je ne saurais vous le dire exactement.	Dapu ma tu lu ör.
En ce cas je vous accompagne.	Mangê andasê ' k yov mbòk.
Volontiers, je le veux bien.	Ndok, mô ma genal.
Voyagerons - nous par terre ou par mer ?	Dè nô rungê'm, dè nô dugi gâl ?
Si nous n'avons pas de bateau, nous irons par terre.	Su nu amulé gâl, nu runga.
Irons-nous à cheval ou à pied ?	Dè nô varè'm, dè no dohi ?
Sans aucun doute, nous irons à cheval, car le chemin est très long.	Dè nô vari kañ , ndè yòn vi sorèy na lôl.

Français	Volof
Où allez-vous ainsi ?	Fan nga dem nilé ?
J'allais chez vous.	Sèn ker lâ dem ôn.
Vous alliez donc me voir ?	Man nga sêti von mbôk?
Justement, mais vous, où alliez-vous ?	Vâv-vav, vandé yov, fan nga don dèm ?
J'allais me promener.	Da ma dòn dohàni.
Voulez-vous venir avec moi ?	Ndah bega nga andà' k man?
Volontiers, une petite promenade hors de la ville nous fera du bien.	Vâv-vâv, dohàni fûti ti génav deka bi di na bàh ti nun.
Allons maintenant entendre la messe.	Na nu dèm nak dangi Mês.
Prenons votre frère en passant.	Na nu dèlalé sa raka nu andà'k nun.
Comme cela vous plaira.	Naka nu la nèhé.
A la sortie de la messe, nous dirons le bonjour à votre aïeul.	Su nu vaţé mês nu neyuḍi sa mâm.
Je vais maintenant à l'école.	Mangé dèm nak lécol, dangi.
C'est de chez votre oncle que je viens.	Sa ker' niḍay là bayako.

———

Pour acheter

différents objets.

———

Français	Volof
	Ţi ḍendé.
Je veux acheter quelque chose.	Da ma bega ḍenda vef.
Que vous faut-il, monsieur ?	Lô sohla, suma vày ?

Français	Volof
Je vous écoute.	Mangi lâ déglu.
C'est du coton retors écru qu'il me faut.	Garay gu vêh lâ sohla.
C'est de la guinée bleue qu'il me faut.	Ndimo lâ sohla.
Montrez-moi votre guinée la plus belle.	Von ma sa ndimo mi gen a rafèt.
Est-ce là le plus joli que vous ayez ?	Bilé nga gen a rafèt-lè'm ?
J'en ai encore de plus beau.	Am nâ bu ko gen a rafèt ati.
Que voulez-vous en faire ?	Lô ko sohlâ ?
C'est pour en faire un habit d'enfant.	Da ma ļi buga mbub'i halèl.
N'avez-vous pas un tissu spécial pour cet usage ?	Amu la tôf am am ?
Voyez ceci.	Sêtal vilé.
Si c'est pour un pantalon, celui-ci est meilleur.	Sô ļi sohlâ tubéy, bilê' ļi gen.
Celui-là n'a pas de pareil.	Balé amul morom.
Combien le vendez-vous le mètre ?	Lô di ḍáyé mètar am ?
Le mètre combien coûte-t-il ?	Mètar bi ñâta la ḍar ?
Ceci revient à un franc.	Bilé, pisterin lâ ḍar.
Celà un franc cinquante	Balé, ñèt'i dûsu.
Cet autre deux francs cinquante.	Bilé, gèna vala.
Mais celui-ci est plus cher, il coûte 5 francs	Vandé bilê' gen a ḍafé, derem lâ ḍar.

Français	Volof
Avez-vous du savon ?	Ndah am nga sâbu ?
J'en ai de différentes sortes.	Vây, am nâ yu néka.
J'en ai besoin, mais je n'ai pas d'argent.	Sohla nâ ti, vandé amu ma hâlis.
Qu'avez-vous donc ?	Lan nga amé mbok ?
Des poules.	I génar.
Montrez les moi.	Von ma lèu.
Chacune d'elle vaut cinquante centimes.	Bu néka dar na dusu.
Voulez-vous du savon pour toutes ?	Sâbu nga bega ti yè-pâ'm ?
Vous me rappellez que j'ai besoin de..	Yângi mâ fatali sah né sohla nâ. . .
A propos, avez-vous récolté les arachides ?	Vây ! gas ngèn gérté gi ?
J'en prendrai pour des marchandises.	Di nâ ko dendé lu la fi nèh.
Eh bien ! après demain je vous enverrai cinquante sacs.	Vây, génav elek di nâ la yoné durom-fuk' i saku.

Chez un cordonnier.

Défarkat i dala.

Français	Volof
Voudriez-vous prendre ma mesure pour me faire des souliers?	Da ma bega nga natal ma i dala.
J'ai des souliers déjà faits.	Am nâ dala yu suti.
Voulez vous essayer cette paire.	Bega ngâ nata yilè'm ?
Ils sont trop étroits du cou-de-pied.	Dè nu hat ti kov tanka bi.

N'avez-vous pas des bottines à élastique ?	Amu la i botin i lastik ?
Ils sont trop larges.	Yâ nañu.
Voyons une autre paire.	Doh ma yénèn.
Je ne puis marcher avec ces souliers.	Menu mâ dohé ' dala yilé.
Ils me font mal.	Da ñu mâ gañ.
Ils s'élargiront par l'usage.	Di nañu yakaliku , só lèn solé.
Ces souliers n'ont pas été faits pour moi.	Du man la ñu défaral on dala yilé.
Avez vous des souliers en maroquin ?	Am nga i muké'm ?

Pour s'informer d'une personne.

Lâdté nit.

Connaisez vous ici... ?	Ham nga fi T*** ?
Une personne du nom de** ne demeure-t-elle pas ici ?	Nit ku tuda T*** deku fè'm ?
Ils y avait en effet une personne de ce nom.	Am on na nam nit ku ni tuda.
Et ne savez-vous pas où elle est ?	Hamu la fan la nèka ?
Elle a quitté ce pays il y a déjà trois ans.	Ñèt i at angi, bi mu dugé deka bi bè tèy.
A-t-elle dit où elle allait	Vah on na fa mu dem
Non, monsieur.	Dèt. (am?
Mais vous savez ce qu'est devenu M. ***	Vandé ham nga lan la T*** di dèf.
Oui, je connaissais quelqu'un de ce nom.	Vâv, ham on nâ ku tuda nômulé.

Français	Volof
Je ne connais personne de ce nom.	Hamu ma ku tuda nôßu.
Où demeure-t-il ?	Fan la deka ?
Pouvez-vous m'indiquer sa maison ?	Ndah men nga mâ von ker am ?
Oui, monsieur, je vais vous accompagner.	Vâv , mangè andasê'k yov.

Pour s'informer du chemin.

Ndah lâḍté yôn.

Français	Volof
Quel est le chemin qui conduit à Mbissèl ?	Van a di yôn vi ḍemé Mbisèl ?
Allez tout droit, et quand vous serez vis-à-vis du grand baobab, tournez à droite ..... à gauche.	Demal a ḍem ṭi sa kanam , lé sô ḍânô'k guy gu réy ga, ḍèlal ṭi sa ndèydor....... ṭi sa ṭamoñ.
De quelle nature est le chemin ?	Naka la yon vi mèl ?
Il est bon dans cette saison.	Bâh na lôl sâ yilé.
Mais vous feriez mieux de prendre un cheval.	Vandé yov mu var a gen.
Car cette route est sablonneuse.	Ndégé yôn vi défa baré sûf.
Elle est inondée pendant les pluies.	Dèfâ tâ ndoh ṭi navèt.
Est-ce le plus court chemin d'ici à ...?	Ndah mô di yon vi gen a gata, filé bè..... ?
Oui. Monsieur.	Vâv.

Français	Volof
Le bord de la mer est aussi praticable, à marée basse.	Téfès gi itam bâh na su gël gi féré.
J'aime à marcher sur le rivage de la mer.	Téfès là sopa lopa.
C'est très agréable.	Nêh na lôl.
Cette autre route où conduit-elle ?	Yòn valé dak, fan lâ demé ?
Est-ce le chemin de Rufisque ?	Yon i Tengegël là'm?
Se trouve-t-il d'autres villages sur la route ?	Yénèn dekâ'ngi ĝi yòn vè'm?
Oui, monsieur.	Vâv.
Non, monsieur.	Dël.
Est-ce que nous ne serons pas arrêtés sur la route ?	Mbâr du nu dogé ĝi yòn vi ?
Non, Monsieur ; elle est très fréquentée.	Dël ; ndé di nga lasé i nit bè ba ngâ aga.
Quelle est la distance d'ici à Dakar ?	Ñata la Ndakaru sorèyé filé.
C'est trois journées de marche.	Ñèt' i fan nga var a doh.
Je crois qu'il y a trois lieues.	Défé nâ né ñèt' i vahtu la.
Y a-t-il des rivières à traverser ?	Di nañu ĝi ḍala i dèh am ?
Non, Monsieur.	Dël.
Oui, mais vous traverserez à gué, et facilement.	Vâv, di nga hus, vandé di na yomba.
Rencontre-t-on des montagnes ?	Yòn vi baré na i tunda ?

Français	Volof
Oui, Monsieur; et en certains endroits vous serez obligé de descendre de votre monture, et de la mener par la bride.	Vav, té li i béréb di nga vați fas vi, té di ko omal.
Mais, on m'a dit qu'il qu'il y a deux routes.	Vandé da ma dég' òn né yòn yi ñâr la ñu.
Le pays est tout à fait plat, et couvert de forêts.	Deka bi bépa dèfa téla, té baré ala.
Nous traverserons alors des forêts?	Di nanu dugi mbok ți i ala?
Nous faudra-t-il coucher en route?	Di nanu fanan ți yòn am?
Combien de fois?	Ñata yòn?
Trouverai-je des guides?	Di nâ ami ku ma gungé?
Non, monsieur.	Dèt.
Qui me montrera alors le chemin?	Kan a mâ voni mbok òn vi?
J'irai avec vous, si vous pouvez attendre à demain matin.	Di nâ andaˈk yov sò menê nèg bé elek ța lelek.
Je ne puis vous attendre, vous êtes trop lent	Menu ma la nèg', da nga yib
Allez alors, vous êtes dans le vrai chemin.	Démal mbòk, yangi ți yòn vi.
Vous avez perdu le chemin.	Vóța nga yòn vu bâh va.
Quel chemin dois-je prendre?	Van yon lâ var a topa?

Pour s'embarquer	Ût gâl
Monsieur, y a-t-il ici un bateau en partance pour Gambie?	Suma vay, am na fi gâl gu dem Banђul am?
Je crois que ce bateau lèvera l'ancre aujourd'hui.	Défé nâ né gâl galé di na budi fèy.
Savez-vous où il va?	Ham nga fan la dem?
J'ai entendu dire qu'il va à Albréda.	Déga nâ né Albadar la dem.
Savez-vous où est le capitaine?	Ham nga fan la Kaptén ba nèkâ'm?
Ne voyez-vous pas cet homme grand, qui parle à deux matelots?	Gisu la nðol malè di vah ak ñar i matlot?
Je le vois bien, est-ce lui?	Mangi kó gis, môm lâ'm?
Capitaine, allez-vous à Gorée?	Kaptèn, Bër nga dem?
A quelle heure partirez vous?	Vau vahtu ngâ ђug?
Aussitôt que le vent le permettra.	Su nu ko ngélav li ma-yê may.
A la marée descendante.	Ti pèré bi.
De très bon matin.	Ti nђel.
Combien vous faites vous payer?	Ñata nga fêyaku?
Le prix est le même pour tout le monde.	Ku nèka lèna li la fèy.
Combien de jours avez vous le plus souvent pour aller d'ici à Carabane?	Nâta fan nga faral am filé bè Karaban?

Français	Volof
Nous mettons ordinairement deux jours.	Ñàr i fan la ñô faral a am.
Pressez-vous, le bateau va partir dans une demi heure.	Na nga gav, gàl gà'ngê dug li gena val'i vah-tu.
Ils lèvent l'ancre, dépêchons-nous.	Ñungà budi, na nu vâhu.
Je vous souhaite un bon voyage.	Na la Yalla yobö'k da-ma.
Écrivez-moi promptement.	Binda ma bu gàv.
Je ne l'oublierai pas.	Du ma ko faté.
Adieu.	Ti dama.

ADIEUX. — Tago.

Français	Volof
Je viens vous faire mes adieux.	Da ma la tagusi.
Où allez-vous?	Fö dem ?
Je vais à Boulam.	Bulama là dem.
Avez-vous des commissions pour votre père?	Do yobanté fa sa bây ?
Quand partez-vous?	Kañ ngà démé ?
Le bateau n'attend que moi.	Gàl gi, man réka là nég
Serez-vous longtemps absent?	Di nga yàga'm ?
Mes affaires pourront me retenir cinq ou six mois.	Suma i sohla men na ma dénta durom mba durom bên' i vèr.
Si je ne craignais de vous incommoder, je vous confierais une lettre pour.	Su ma la ragalul on a gétén, dòn nà la den-ka létar u....

Français	Volof
Si vous me la confiez, j'en serai heureux.	Sô ma ko dohé, mu nêh ma.
Portez-vous bien.	Ti dama. (ma.
Bon voyage.	Ña la Yalla yobô'k da-
Ne craignez-vous pas de tornade?	Ragalu la ngélâné ?
Saluez-moi votre tante.	Neyul ma sa badên.

Rencontre d'un ami. — **Sô tasê'k sa harit.**

Français	Volof
Quoi ! n'est-ce pas notre ami N*** que je vois?	Mô' du sunu harit T*** lâ di gis am ?
C'est moi-même.	Man sahsah la.
J'espère que vous vous portez bien.	Dama rèka nga am ha-na.
Très bien comme vous voyez.	Dama dâl, niki nga mâ gisé.
Vous me surprenez beaucoup, car je ne pensais pas vous rencontrer.	Domal nga ma lôl, ndé haru ma von a tasê'k yov.
Je remercie le bon Dieu de votre retour.	Vay, Yallâ derédèf ti li nga délusi.
Je suis ravi de vous revoir.	Gisati la nêh na ma lôl.
Quand êtes-vous rentré?	Kañ nga délusi?
Et comment se portent tous nos amis?	Naka la gâ ña dèf nak?
Je les ai laissés avec la paix.	Dama rèka la lèn bayé.
Y-a-t-il longtemps que vous les avez quittés?	Yâga ngâ tagô'k ñôm?

Français	Volof
Mais, il y a près d'un mois.	Lu day ni vèr angi.
Quoi! vous êtes ici depuis si longtemps, et vous n'êtes pas venu nous voir?	Naka! nònu nga fi yâgé té mesu là ñev sah sétsi nu?
C'est très mal, assurément.	Lôlu dékul mòs.
Je n'ai pas pu venir plus tôt.	Da ma menul on a ñev bu gen a gav.
Vous savez que ce n'est pas mon plaisir qui m'a amené ici.	Ham nga né du topa suma banêh a ma fi indi.
Tout mon temps a été pris jusqu'à présent.	Da ma dap 'on bôba bè lèy.
Mais, maintenant, j'espère que vous en donnerez une partie à vos amis.	Vandé hanâ lègi di nga hôlé nak sa i harit fi sa topato?
Comment avez-vous voyagé?	Naka nga ñevé?
Je suis venu à pied.	Da ma runga.
J'ai pris un bateau.	Gàl lá duga.
Je suis venu à cheval.	Da ma var òn.
Resterez-vous longtemps ici?	Di nga fi yagâ'm?
Qu'est-ce qui vous a fait revenir si tôt?	Lu la délosi lu ni gàvé?
Quelques affaires m'ont amené ici.	Sohlâ ma fi indi.
Quand vous verrai-je chez moi?	Kañ lâ lá gisi fa sunu ker?
Ne voulez-vous pas venir dîner avec nous?	Begu lâ ndèkisé'k nun am?

Français	Volof
Nous ne dînons jamais avant sept heures.	Du nu ndéki muka bala durom-ñàr.
Eh bien, alors je pense pouvoir venir.	Défé nà di nà men a ñev mbôk.
Bonjour.	Ti dama.
Au revoir.	Bé ba ñö giséti.

LES POISSONS.

Dén.

Français	Volof
Allez-vous aujourd'hui à la boucherie?	Di nga dèm téy tiflé-kay am?
Non, monsieur, car c'est un jour maigre.	Dét, ndégé téy lèka yapa ày na.
Vous avez raison, j'allais l'oublier.	Dega nga vah, maugi ko don fatédi.
Alors vous devez allez à la poissonnerie?	Var ngâ dèm mbôk fa ñö dàyé dén?
J'en viens.	Fa là dugé nilé.
A quelle heure êtes-vous donc allé ?	Vau vahtu nga dug òn mbôk?
A cinq heures, ce matin.	Ti durom ti lelek.
Je désirais avoir du bon poisson, c'est ce qui m'a fait quitter si tôt.	Da ma beg òn a am dén yu bàh, mò ma tah a tél a géna.
Eh bien, y avait-il du poisson?	Dén am nà'm?
Oui, il y avait beaucoup de poisson.	Vàvàv, dén baré on na fa lôl.
Quelle sorte de poisson avez-vous acheté?	Yau dén nga dènda téy?
J'ai acheté une raie, deux morues, trois petites anguilles et un saumon.	Dènda nà bèna tumbu-làn, ñàr i tòf, ñèt'i sik yu ndav ak bèna sàka.

Français	Volof
J'ai aperçu des brochets et beaucoup de dorades, mais je n'en ai pas acheté.	Gis nà fa i sedà'k daroñ yu baré, vandé dendu ma fa.
Vous avez eu tort, car la dorade est un très bon poisson.	Toñ nga, ndégé daron den yu bâh la.
Il y avait beaucoup de turbots et d'énormes thons.	Ndérér baré on na ak sipong yu réy.
J'en ai acheté, car ils n'étaient pas chers.	Denda nà fa , ndégé ndég la neh on na.
J'ai aussi apporté des huitres, des écrevisses et de magnifiques homards.	Yeb nà fa itam i yohos, i sipasipa ak sum yu amul morom.
N'avez-vous pas vu du poisson d'eau douce ?	Gisu la fa dén i ndoh mu neh?
Il y avait en effet de belles carpes.	Am on na fa, vah deg. i vàs yu rafét.
Pourquoi n'avez-vous pas marchandé les crabes ?	Lu la téré on a vahanté sàra ya?
Je l'ai fait, et ils se vendent selon la grosseur.	Vahanté nà lén, té sèn réyay la ñu tâ apa.
Combien vend-t-on la torpille ?	Nata la ñô dàyé bèna vañar?
On en donne six pour trois francs.	Durom bèn yu néka, ñêt'i fiftin la ñô dar.

Ordre pour le dinér.	Vahanté ndéki.
Que voulez-vous pour vôtre diner aujour-d'hui ?	Lan nga bega ndéké téy ?
Qu'avons-nous à la maison ?	Lan la uu fi am fi ker gé?
Il y a un très beau poulet rôti, et de la salade.	Am nanu fi ganar gu nu vada ak salad.
Je préfère le veau.	Yap'i selô ma ko genal.
Le chasseur a apporté une jambe de biche et des cotelettes de sanglier.	Dana ba indi na tank'i dib ak falaré i mbâm ala.
Le boucher n'a-t-il rien envoyé ?	Tiflékat bi yonévul dara?
Il a envoyé le bœuf et le mouton que j'avais demandés.	Yoné na yap'i nak ak vu har va ma ko lâd ôn.
Mais le bœuf est meilleur marché que le mouton.	Vandé yap'i nak vâ gen a nêb ndeg vu har va.
Donnez-nous aussi des haricots verts et des épinards.	Na nu am itam ñébé vu tôy ak mbûm i tubab.
Cela nous suffira aujourd'hui.	Lôlu di na doy téy.
Ayez soin que le couvert soit mis, et la table servie, le plus tôt possible.	Na nga tég légi tabul di, té yéka fi li gen a gâv.

Français	Wolof
Je ne veux pas attendre	Begu ma di hâr.
Que tout soit prêt à cinq heures.	Na lépa suti ti durom.
C'est l'heure convenue.	Mô di vahtu vi ma apa.
Allez à la cuisine et voyez si le diner est prêt.	Démal la vâñ va té sêt ndah ndéki li suti na.
Il sera prêt dans cinq minutes.	Di na suti fé'k durom i minit.
On met la nappe.	Ñungé lal tabul di.
Le diner est servi.	Ndéki là'ngé nég.

Le feu.

Safara.

Français	Wolof
J'ai froid, faites du feu, s'il vous plait.	Da ma liv, tâlal safara, lêl.
Avez-vous fait du feu ?	Ndah tâl nga?
Un feu pétillant réjouit nos yeux.	Safara, su di taka bu bâh, a néh a sêt.
Mais votre feu est bien bas.	Vandé sa safara név na lôl.
Voici un bien mauvais feu.	Safara si bâhul.
Vous n'avez pas soin de votre feu.	Da nga dul topato sa safara.
Faites un bon feu.	Tâlal safara su bâh
Prenez le tisonnier et remuez le feu.	Delal vêñ galé té yengal safara si.
Relevez ce charbon avec les pincettes.	Delal ñem bi, té délo hal vilé.
Voila un très bon feu	Safara su bâh angi.
Avez-vous encore froid ?	Liv andi ngà'm?
Non, je suis très bien maintenant.	Dët, mangé sog a yâtu.

Français	Volof
Il y a trop de cendre, cela étouffe le feu.	Dóm i tâl bi baré na, dèfâ tèré safara si.
Vous avez laissé tomber le feu	Vota nga safara si dânu.
Soufflez-le doucement.	Fûf ko ndanka.
Où avez-vous mis le soufflet ?	Fan nga tég upu ba?
Il est à côté de la cheminée.	Mungi ļi vèt i siminé bi.
Que cherchez-vous maintenant ?	Lò di utalé?
Je cherche la pelle.	Pèl ba lâ di ûl.
Que voulez-vous en faire	Lò kò doyé?
Je voudrais jeter du charbon sur le feu.	Da ma bega doli keriñ ļi safara si.
Mettez-y du bois.	Dèf ļi mata.
N'en mettez pas trop à la fois.	Bu ko baréyal bèna yôn.
Vous faites fumer le feu.	Yangè sahârlo safara si.
Passez-moi le soufflet.	Dotali ma upu bòbu.
Je vais le faire prendre.	Légi ma takalò ko.
Il commence à flamber.	Munge dòr di taka.
Maintenant approchez plus près du feu.	Randusil nak ļi safara si.

Avec un tailleur.

Ak ñavkat i yéré.

Français	Volof
Votre tailleur est arrivé, Monsieur.	Sa ñavkat ñev na.
Qu'il entre.	Na agsi.
Je vous ai fait venir pour me prendre la mesure d'un habit.	Da ma la ólu ndah nga dogal ma palto.

Français	Volof
Comment voulez-vous qu'il soit fait ?	Naka nga ko begé ?
Faites-le moi comme on le porte maintenant.	Dèfal ma ko naka mu hèvé lèy.
N'avez-vous pas besoin d'autre chose ?	Ndah sohlavu la lénèn ?
Je veux aussi le gilet et le pantalon.	Sohla nâ itam tubéy da ak silèt ba.
Que le pantalon et le gilet soient aussi selon la mode nouvelle.	Na tubéy dè'k silèt bi itam nirô'k yi ñô sol lèy.
Quelle sorte de boutons voulez-vous ?	Butoñ i lan nga li bega?
Je m'en rapporterai à votre goût.	La nga ham né mô la gen a déka.
Les boutons d'argent conviennent à la couleur noire.	Butoñ i halis dèka na lòl li lu ñûl.
A moins que vous ne préfériez des boutons d'or.	Ndèm butoñ i urus genalu la.
Je pense que les boutons d'or sont plus à la mode.	Dèfé nâ butoñ i urus yè gen a hèv lèy.
Vous y mettrez donc des boutons d'or.	Na nga li dèf mbôk i butoñ i urus.
J'ai aussi besoin de quelques habits maures.	Sohla nâ itam i yéré nâr.
Je vais en voyage chez les Trarzas, et voudrais m'habilller comme eux.	Da mâ tukidi fa Trarza ya, lé bega sol yéré yu mèl ni sèn yos.
Faites-moi donc une	Dogal ma mbôk ñâr i

Français	Volof
paire de pantalons blancs assez larges, et un *houssabe* noir.	tubéy yu vèh, té na ñu yâ, té tèg ţa husaba bu ñûl.
N'oubliez pas la *turki*.	Bul faté turki ba itam.
J'en ai bien un, mais, il est déchiré ; a propos, je vous l'enverrai pour le rappiécer et pour le recoudre.	Am nà ko bèna, vandé défa hutaku, di nà la ko yoné sah nga dáhaf ma ko, té nga gàr ko.
Ayez soin d'y mettre une poche en dedans et une en dehors pour mes mouchoirs.	Défal ma diba ţi bîr ak bénèn ţi biti ndah suma i musör.
Ne manquez pas de me l'envoyer dimanche.	Bul ma ko ñaka yoné dibër ţa.
Vous l'aurez dimanche matin.	Di nga ko gis dibër ţa lelek.

MÊME SUJET.

Lèna li.

Français	Volof
Monsieur, je vous apporte vos habits.	Suma vày, da ma la yebsi sa i yéré.
J'en suis bien aise ; je commençais à m'impatienter	Nêh na ma lòl, ndé mangi dôr on di la yakamti.
Voici les habits.	Yéré yângi.
C'est bon. Je pense qu'il faudrait commencer par les habits arabes	Bâh na. Défé nâ nè yéré nàr yi lâ var a dôré.
Je vais les essayer.	Mangi lèn di sèt.
Ce *houssabe* est trop long.	Husàba bilé guda na.
Non, Monsieur, il est trop court.	Dèt, suma vày, défa gata.

Français	Volof
Vous avez fait les manches trop longues et trop larges.	Dèf nga loho yi ñu guda lòl té yâ bu epa.
On voit que monsieur porte le *houssabe* pour la première fois.	Ku la déga, ham né tèy nga mes a sol husâba.
Parce que je critique un vêtement nouveau pour moi, n'est-ce pas?	Ndégé li mâ véranté ti yéré yu ma hamul, du dega?
Je vous assure, monsieur, que c'est de cette manière qu'on le porte.	Dega môs? suma vây, nònu la husâba di mél.
Maintenant, voyons le pantalon.	Nâ nu sèt nak tubéy di.
Comme il est large!	Mbé, môka yâ!
Monsieur, c'est la mode la plus nouvelle.	Suma vây, mò di hèval gi gen a mudé.
Vraiment? l'année dernière c'était le contraire.	Dega dega, dâv nak, ûté ôn na lòl.
Les modes changent souvent, vous savez.	Vandé ham nga né hèval di na faral a supéku
Mais la ceinture n'est pas très juste.	Vandé ndiga li émul bu bâh.
Faites la ceinture plus juste et que le pantalon monte plus haut	Na ndiga li gen a sèv, té na nga vañi tûti li sûf.
Que pensez-vous du gilet?	Lô vah ti silèt bi.
Il est trop juste et me serre sous les aisselles.	Défa hat té di ma dom pa ti pohatàn.

Français	Volof
Mais je ne puis pas boutonner l'habit, et je crois qu'il fera des plis entre les épaules.	Vandé menu mà butongé palto bi, té défé nâ di na témudi ţi mbaga yi.
Il ne doit pas être boutonné.	Varu ňu kō butongé.
Pourquoi pas ?	Lu téré ?
Ce n'est pas la mode.	Défa ţi hévul.
Pourquoi y avez-vous mis des boutons?	Lô ţi déf butong doyé mbôk?
Je ne sais : mais on rirait de voir un habit sans boutons.	Hau ma dé, vandé ku la gis ak palto bu amul butong, di na la ňâval.
Maintenant, monsieur, regardez-vous dans la glace.	Suma vây, yerul nak sélu bi.
Voyez comme vos habits vous vont bien.	Sétal niki la la yéré yi èmé !
Je ne sais s'ils me vont bien : mais je sais que je puis à peine remuer.	Hau ma ndah déka naňu ţi man ; vandé ham nâ né mangi ţi né ğak.

LE DÉJEUNER.

Ndëki la.

Français	Volof
Avez-vous déjeûné ?	Ndëki ngâ'm?
Pas encore.	Dét.
Vous déjeûnerez avec nous.	Na nga ndëkè'nun mbôk.
Que prenez-vous ordinairement pour votre déjeuner ?	Lan nga tama ndëkè?

Français	Volof
Quelquefois des œufs et du couscous, quelquefois du chocolat.	Yénakêr nèn ak pana; yénènkèr sokola.
Le déjeûner est prêt.	Ndëki li ènba na.
Eh bien, déjeûnons.	Nan nu ndëki mbôk.
Voici le couscous.	Pana'ngi ak ndaval.
Ne voulez pas de piment?	Begu la kani?
Commençons par les œufs à la coque.	Nan nu dôré nèn yi-lé ñu bahal.
Aimez-vous les oranges?	Sopa nga sorans.
Vous ne refuserez pas cette banane.	Do gantudi banané bilé.
Prenez-en une seconde, elles sont bonnes.	Ñarèl ko, nêh nañu.
Non, je prendrai seulement un peu de miel.	Dël, mangê del tûti li lém bi.
Prenez-vous du thé, ou du café?	Duté ngâ nàn, am kafé?
Je préfère le thé.	Duté dè ma genal.
N'aimez-vous pas le café?	Sopu la kafé'm?
Si, mais je ne puis pas dormir quand j'en prends.	Ahakañ, vandé du ma men a nélav su ma ko nâné.
Mais nous n'allons pas encore nous coucher.	Vandé du nu nélavi lëgi
Comment trouvez-vous le thé?	Naka nga vah li duté di?
Peut-être vous plaît-il?	Hana nêh na la?
Mais j'allais oublier de vous offrir le lait.	Vay, mangi la don faté doh sôv mi.
Prenez du sucre.	Déf li sukur.

Français	Volof
Je vous en prie, prenez-en davantage.	Lêl, delati ti.
Il est assez sucré.	Sukur si doy na.
Le café est fort, mais il est excellent.	Kafé gi am na dôlé di, vandé nèh na lôl.
Vous n'y mettez pas d'eau-de-vie ?	Dô li déf tûti li brandi bi
Je le préfère sans eau-de-vie.	Môm mu amul brandé ma genal.
Finissons par un petit verre de liqueur.	Nan nu sutalé tanh'i litor bu tûti.

Une blanchisseuse. — Fotalkat.

Français	Volof
J'ai appris que vous cherchez une blanchisseuse.	Da ma déga né da nga don ût ku la fôtal.
Oui, madame.	Vâv.
J'ai lavé le linge de Mr*** pendant deux ans entiers, et il a été toujours très content de mon service.	Fôtal nâ N** ñêt i at lema, té ngerem rèka la ma mes a von.
Combien vous payait-il ?	Lan la la dôn féy?
Mr** me donnait vingt cinq francs par mois.	N** durom i derem la ma dan féy vêr.
Mais il me fournissait aussi le savon et l'empois.	Vandé mò ma dân doh sabò'k lampuay.
C'est bien, je vous donnerai les mêmes gages, et je vous fournirai tout ce dont vous aurez besoin pour bien laver.	Bâh na, di nâ la doh li mu la dân féy, té tèg ta doh la li nga sohla lépa, ndah fôtal ma bu sèt.

Si vous avez du linge sale, je commencerai aujourd'hui.	So amé yéré yu tilim ma dòi téy.
J'en ai, prenez-le, le voici.	Am nà ko, delal, mu-ngilé.
Blanchissez-le avec soin et faites en sorte, de me le rapporter le plus tôt possible.	Fòt ko bu bâh, té féhél bé délo ma ko ti li gen a gàv.
Je ferai tous mes efforts pour vous l'apporter dans la semaine.	Di nà la ko dém a yeb ti gir i bés yilé.
Raccommodez les chemises, et repassez tout le linge.	Gâral simis yi té pasé yéré yi yépa.
Voici la note du linge.	Kait i mpôt mà ngi.
Six pantalons blancs.	Durom bèn'i tubéy yu véh.
Trois caleçons.	Ñèt' i tubéy i dital.
Douze chemises.	Fuk' i *simis* ak ñàr.
Six paires de bas.	Fuk' i kavas ak ñàr.
Quatre gilets noirs.	Nénént i *silèt* yu ñûl.
Deux gilets blancs.	Nàr i *silèt* yu véh.
Sept mouchoirs blancs.	Durom ñàr i *musor* yu véh.
Deux camisoles de nuit.	Ñar i *kamisol* i gudi.
Un *houssabe* rouge et trois *turquis* noirs.	Bèna husaba bu honha ak ñèt' i turki yu ñûl.
Huit cravates.	Durom ñèt' i *karvat*.
Deux paires de *malanes*	Ñar i pér i malan i ndòr

9

Français	Volof
blanches et trois pai-res de *matanes* teintes.	ak ñèt' i pèr i malan vu ñu sùb.
Dix serviettes.	Fuk' i *sarrèt*.
Trois taies d'oreiller, et trois paires de draps.	Ñèt' i mbub' i ngégénay, ak ñèt i pèr i *drap*.

A TABLE.

Ti tabul.

Français	Volof
Où est ma serviette ?	Ana suma sarbét ?
Elle est sur votre as-siette, devant vous.	Mungôk ti sa asèt ti sa kanam.
Je n'ai pas de cuillère.	Amu ma kudu.
En voilà une.	Béñā'ngi.
Que vous servirai-je de ces mets ?	Lan lâ lâ doh ti ñam yilé?
Prendrez-vous de la soupe ?	Di nga nangu ti supa bë'm?
Non, coupez-moi, je vous prie, un peu de bœuf.	Dët. Dogal ma, lél, ti yap'i nak vi.
Donnez-moi du veau et des épinards.	Doh ma ti yap'i selu vi ak ti mbum mi.
Quel morceau préférez-vous ?	Ga vèt nga gen a sopa?
Le premier venu.	Bô ma doh a doh.
Mais mon couteau ne coupe pas.	Vandé suma pàka du dog.
Donnez un autre cou-teau à monsieur..	Dohal vâ di bénèn pà-ka.
Que prenez-vous avec votre viande ?	Lan ngâ lékèdé 'k yapa vi ?
Où est la moutarde ?	Ana mutarda bi?

Français	Volof
La voici.	Mungi.
Il y a une bouteille devant vous. Servez-vous vous-même, et n'ayez pas de fausse honte.	Butél angok ţi sa kanam. Dél tanh sa bopa, té bu ţi rus dara.
Donnez-moi de l'eau, s'il vous plait.	May ma ndoh, lél.
Mettez la carafe près de monsieur, et ne laissez pas les verres vides	Tégal ndoh mi ţi vét i và di, té bul voţa goblét yi àu gaţa.
Donnez-moi encore un peu de pain.	Dotaleţi ma ţi mburu mi.
Voulez-vous un peu de ce rôti ?	Di nga nangu tùţi ţi vada vilé'm?
Voici un morceau qui vous plaira.	Dogiţ bilé di na la néhi.
Aimez-vous le poisson ?	Sopa nga dèn am?
Oui, je l'aime beaucoup	Vàv, sopa nà ko lòl.
Il est délicieux.	Mò nèh.
Voulez-vous de la sauce avec votre poisson ?	Bega nga *sòs* ţi sa dèn vé'm ?
Non, je préfère de l'huile et du vinaigre.	Dét, divliu ak binégar a ma ţi genal.
Voici les burettes.	Défukay am yàngók.
La salière est là.	Horomukay bà'ngi.
Prenez garde de mettre trop de piment, car il est fort.	Bul déf lu baré ţi kani gi, ndégé ţanga na lòl.
Marie, emportez ce plat et apportez-en un autre.	Mari, tégil *plaţ* bilé té indi bénén.
Donnez une assiette à monsieur.	Dohal và di *asét*.

Je vais vous servir un morceau de ce poulet.	Mangi la dogal ļi ganar gilé.
J'en accepterai un petit morceau, seulement pour le goûter.	Tûti réka lâ ļé del, ndah ñam ko dâl.
Maintenant une tranche de ce gigot et un peu de salade ?	Lù nëv ti lup i har bilé nak, ak tûti ļi salad si ?
Merci, monsieur, j'en ai assez vraiment.	Derédef, suma vây, doy-lu nâ ļa dega.
Desservez, Marie, et apportez-nous le des-sert.	Tègil, Mari, té yob nu *désèr* bi.
Faites passer le dessert	Dohèl *désèr* bi.
Prenez cette pomme.	Delal *pom* bilé.
J'en prendrai seulement la moitié.	Gêna vala gi réka lâ di nangu.
Desservez, et apportez-nous le café.	Tègil té yeb nu kafé gi.
Donnez-nous les li-queurs, et préparez tout pour le thé.	Doh nu liļor yi té da-gal lépa ndah duté di.

Avec un médecin.   Ak faḍkat.

Je suis indisposé de-puis quelques jours.	Fan yilé vép suma ya-ram nëhul.
Où sentez-vous du mal ?	Fan nga yeg métit?
Par tout le corps.	Ti suma yaram vépa.
J'ai un grand mal de tête.	Suma bopa defa mété mëti.
Je sens des douleurs dans l'estomac.	Suma bir dëfa dompa bu mëti.

Français	Volof
Je puis à peine me tenir debout.	Menu mâ tahav lu nëv sah.
Cette maladie m'affaiblit beaucoup.	Der bi nëvlo na ma lôl dôlé.
La nourriture vous plaît-elle ?	Ñam di na la saf am ?
Non, j'ai envie de vomir tout ce que je mange.	Dët, té lu ma lëka, bega ko voñu.
Etes-vous sujet à ces maux ?	Ndah faral ngâ yeg der bobu ti yov ?
Point du tout c'est la première fois que j'en suis atteint.	Dëdët, bëna yon bangòg, mu mes mâ dal.
Quand est-ce que ce mal vous a pris ?	Kañ la la dal ?
Aujourd'hui même.	Tëy sahsah.
N'en avez-vous rien senti hier ou avant-hier ?	Yegu la ti dara dëmbâ'k berka d'ëmba ?
Rien, absolument.	Dara bè dara dëh.
Qu'avez-vous mangé aujourd'hui ?	Lo lëka tëy ?
Je n'ai rien mangé.	Lëku ma dara.
Montrez-moi votre langue.	Von ma sa lamëñ.
La langue est chargée.	Lamëñ vi sètul.
Donnez-moi votre bras.	Doh ma sa loho.
Le pouls est agité.	Dërèt di yengu na.
Vous avez la fièvre.	Da ngâ fébar.
Qu'ordonnez-vous, monsieur le docteur ?	Lan ngâ ébalé, doktor ?
Vous avez besoin de prendre une purge.	Sohla ngâ nandalu.

Français	Volof
Il faut envoyer chez le pharmacien.	Yonèl fa défarkat i garap
Voici ce que vous m'aviez envoyé chercher.	Li nga ma yoni von delê'ngi.
Voici la purge que vous devez prendre.	Nandal bi nga var a del angi.
Puis-je prendre cela après avoir mangé ?	Men nâ kô nân su ma léké bé sotal am ?
Non ; il faut la prendre à jeun.	Dêt, sô lékulé nga ko var a nân.

MÊME SUJET.

Ṭi lèna li.

Français	Volof
Comment vous trouvez-vous ce matin ?	Naka nga dèf ṭi lelek si ?
Je me trouve un peu mieux.	Lolu baré na.
Avez-vous bien dormi ?	Nèlav nga bu bâh ?
Je n'ai rien dormi, la toux m'en a empêché.	Nèlavu ma tus, sehet bè ma ko téré.
C'est surtout la nuit que je tousse.	Gudi là gen di sehet.
Vous avez besoin d'une saignée.	Var nga gadalu.
Avez-vous des sangsues ?	Am nga i vàlar?
Il faut vous en poser une sur le côté.	Sohla nga ñu tég la ko bèna ṭi vèt.
Croyez-vous que je sois dangereusement malade ?	Défé nga né der nà bu mélé'm ?
Non. Mais vous avez besoin de vous soigner.	Dêt. Vandé var nga to-palo sa bopa.

Français	Volof
Pourrai-je manger quelque chose ?	Men na mà léka lef am ?
Quand vous aurez de l'appétit, mais vous aurez soin de ne prendre que des aliments légers.	Sô hifé, vandé bul léka lul nâm vu voyof a voyof.
Que devrai-je boire quand j'aurai soif ?	Lan là di nân su ma maré ?

Pour engager un domestique.

Ndah binda bekenég.

Français	Volof
Monsieur a-t-il besoin d'un domestique ?	Ndah suma tubab défa ût bekenëg bu mu binda?
Oui : mais je cherche un homme bon et fidèle.	Vâv, vandé nit ku bâh té taku lâ di ût.
J'ai été deux ans au service de M***	Déki nâ ñâr i at li ligéy i T***
Pourquoi êtes-vous sorti de chez lui ?	Lu la ta doglô ?
Il a quitté le pays et est retourné en France	Défa dog deka bi té ñibi Tugal.
Mais il m'a laissé un certificat, le voici.	Vandé bindal na ma kait i ngerem, mungi.
Parlez-vous quelque langue européenne ?	Déga nga li lâk'i tubab yê'm ?
Je parle le français et l'anglais, en outre je comprends assez l'espagnol et le portugais pour entendre ce	Di nâ lâka faransé'k angalé, té itam déga nâ lu ma doy ti español ak portugés,

Français	Volof
qui se dit et pour me faire aussi comprendre.	bè men a déga la ñu la vah té men a vah bè ñu déga ma.
Quel âge avez-vous ?	Ñâta at nga am ?
J'ai trente ans.	Am nâ ñèta fuk'i at.
Où êtes-vous né ?	Fan nga dudô ?
Je suis né à Gorée.	Bër là dudo.
Naturellement vous comprenez bien le volof ?	Var ngâ dégu volof mbôk?
Je parle aussi le sérér, je comprends le peul, j'apprends maintenant le sossé.	Di nà laka itam sérér, déga nà pel, té mangé demantu sosé.
Avez-vous beaucoup voyagé ?	Dèm nga deka yu baré ?
Oui, j'ai été dans tous les pays où l'on parle les langues que je comprends.	Vav, dèm nâ ñi deka yi ñô lâkè lâka yi ma déga yépa.
J'ai été au service de français et d'anglais.	Bekanègu nà i faransé ak i angalé.
Montez-vous à cheval ?	Men nga var fas ?
Je suis un cavalier accompli.	Gavar bu suti là.
Que savez-vous faire encore ?	Lan nga men ati ?
Je sais servir à table, peigner et raser.	Men nà rapàsu ñi tabul, men nà vat ak darat.
Avez-vous une femme ?	Am nga dabar?
Non, je n'ai que dix-huit ans.	Dèl ; fuk i at ak durôm ñèta réka là am.

Français	Volof
Oui, ma femme est à Saint-Louis.	Vàv, suma dabar anga la Ndar.
Elle m'a abandonné.	Dèfa fasé.
Elle est morte.	Dè na, dèa dè.
C'était une Toucouleur, elle tomba en mon pouvoir dans une bataille livrée au Tidiane.	Tukuler la von, mangi ko dapé von ti baré bu ñu baré von ak Tidia ba.
Vous avez donc fait la guerre?	Hèh nga mbòk?
J'allais oublier de vous dire que M. Charles, mon maître, avait le grade de colonel.	Hav nâ lâ faté vah né M. Talis, suma sanga, kolonèl la von.
J'ai souffert beaucoup dans cette affaire, je faillis même être tué.	Son'òn nâ lòl ta hare bòba, hav nâ lâ dè sah.
Quels étaient vos gages chez M. Charles?	Lan nga don am fa M. Talis?
Je recevais soixante quinze francs par mois.	Fuk'i derem ak durom là dàn dot vèr.
Mais depuis que j'ai quitté M. Charles, j'ai acquis plus d'instruction; ce qui me met à même d'être plus utile	Vandé ba ma volé M. Talis bè tèy, demantu nâ lu baré, lu tah bu ma men a gen a déruñé
Ce qui veut dire que vous voulez que j'augmente vos gages?	Da nga bega vah né var na mâ doli ti sa mpèy.
Vous l'avez deviné.	Yâ ko dad.
Quels gages, voulez-vous?	Lan nga bega ñu fèy la?
Je voudrais avoir cent (francs.	Ñâr fuka là bega.

Français	Volof
C'est trop, je ne donne pas tant.	Baré na, du ma dohé lôlu.
Pardon, ce que je demande est juste, certes.	Balal ma, li ma làd var na nâm.
Bien, je vous donnerai ce que vous demandez.	Bâh na, di nâ là doh dâl li nga làd.
Je vous donnerai en outre le logement et la nourriture.	Ti suma ker lâ la dekalo itam, té di la doh dundu.
Revenez demain, et je vous dirai ce que vous avez à faire.	Délusil elek, di nâ la vah li nga var a dèf.

PRINTEMPS.

TORON.

Français	Volof
Le temps a changé depuis quelques jours.	Bès vilé yép asaman si nirôtul la mu nèk on.
Le vent du nord souffle dès le matin.	Ngélav i gop a di am ti lelek bé ti ngôn.
Il devient souvent très fort vers le soir.	Di na méti lôl ti ngôn.
Parfois il empêche même les petites embarcations de quitter le port.	Yénaker di na téré gâl yu tût yé géna tèru bi.
Le temps est plus humide.	Ngélav li défa andâ'k toyé.
Le vent souffle de la mer. (meat.)	Ngélav li gêt la bayakô.
Les arbres bourgeon-	Garap yâ'ngé sah.

Français	Volof
Ils reverdissent et se couvrent de nouvelles feuilles	Ñungé lòy té di sab yénèn hob.
Ils bourgeonnent déjà et bientôt ils fleuriront	Ñungé sah i mèñènt té lègi ñu törtör.
Il est temps de défricher et de nettoyer les champs de mil.	Gor ak ruḍ ḍot na.
Défricherez-vous cette année un champ nouveau ?	Ndah di nga gor rèn?
Non, j'en ai défriché un l'an passé, je n'aurai qu'à le nettoyer cette année.	Dèt, da ma gor òn dáv, rèn da mâ ruḍ.
(le. La chaleur est étouffan-	Tangày bi méti na.
Les pluies vont bientôt nous arriver.	Lègi ndoh lâl sûf.
Passerez-vous l'hiver- nage ici ? (Dakar.	Fi ngà navèt am?
Non, j'irai le passer à	Dèt, Ndakàru lâ di na- vèt.
Je ne passe ici que la bonne saison.	Da ma fè nòr rèka.
Quand partirez-vous ?	Kañ ngà dèm?
Après la première pluie	Ti ñtébo.
Viendra-t-elle bientôt ?	Ndah lègi bel sèbi?
Je ne crois pas qu'elle vienne avant la fin de la lune.	Gemu ma mu ñev bala vèr vé dè.
Cependant chaque soir, il y a beaucoup d'é- clairs au sud.	Vandé ngòn gu nèka mélah di ma baré li galandu kat.
Hier on a même enten- du le tonnerre.	Démba déga nañu sah mu di denu.

ÉTÉ.	NAVÈT.
Voici un village bien désert.	Deka bu vèt angi.
On ne voit personne, pas le moindre bruit nulle part.	Du nu gis kèn, kèn du li déga dara.
Hé! bonne femme, est-ce que votre village est dépeuplé?	Èy! suma digèn, sèn deka bi dèfa ráf am?
La première pluie est tombée dans la nuit, et tout le monde est sorti pour semer.	Tèbté dor na ti gudi gi lè ñépa gèna nañu dii.
Mais la pluie ne continuera pas, ce que l'on sème maintenant sèchera.	Vandé ndoh mi du dem kanam, li ñô di lègi di na vov.
Nous semons souvent avant la pluie.	Di nanu faral a di bala ndoh a lâl sûf.
Ce qui nous est arrivé l'an dernier, nous arrivera cette année: on a semé trois fois.	Li nu dal on dàv a nó dali rèn, diat on nanu bè ñâr i yòn.
La chaleur est étouffante, il y aura une tornade ce soir.	Tangay bi méti na, di na ngélané ti ngôn.
Quel nuage noir et épais du côté de l'est!	Nîr yalè'ka tim ta vèt i pènku!
Voici le vent qui se lève, dépêchez-vous, fermez tout, les fenêtres, les portes.	Ngélav l'angog, gàv lèn ted lèp, falanter vè'k bunta yi.

Français	Volof
Quelle tempête! le vent soulève la poussière jusqu'aux nues.	Ngélâné lê ' ka méti ! ngélav l'angé ékati penda bi bé ta nir ya.
Voyez là-bas ces aissantes qui volent dans l'air, le toit de cette case est tombé.	Gisal i singal yalé di nâv, dénk'i nég balé dâmu na.
Qu'il fait sombre !	Mó'ka lîm !
Quels violents coups de tonnerre ! ils se succèdent avec une rapidité effrayante.	Yi denó'ka méti ! ñungé lopanté bu gâv-a-gâv. (halo.
Les éclairs m'aveuglent	Mèlah yâ'ngi mà siluma
Quelle traînée de lumière ! la foudre est tombée dans la mer.	Bâ mèlah aka guda ! denu bi danu na ti gët.
La pluie continue depuis trois jours.	Ñèt' i fan yilé yépa mungé tav.
Tout lèvera bien, le mil le maïs, la pistache.	Lépa di na sâhi bu bâh dugub di, mboha mi, ak gèrté gi.
On a commencé à sarcler le mil.	Béy nañu dèg.
Le temps est favorable. le soleil fera sécher les sarclures.	Asaman si bâh na, nad vi di na vovló sèb yi.
Les pluies sont trop abondantes, l'eau est stagnante dans les champs.	Ndoh mi baré na. bé di tà ti tòl yi.
Ce sera bon pour les champs de riz.	Di na bâhi tòl ti tòl i malo yi.
Le mil ne pousse pas bien, les feuilles jaunissent.	Dugup di du sah bu bâh, hob yangâ vov.

Il commence à épier, à fleurir.	Mungé toli, mungé tor-tör.
Bientôt il sera temps de chasser les oiseaux.	Légi bib pita dot.

AUTOMNE.

LOLI.

Bientôt notre maïs sera mûr.	Légi sunu mboha ñor.
J'ai déjà mangé un épi de maïs grillé.	Léka nâ dëg gub i mbo-ha bu ñu sâf.
Les enfants l'aiment beaucoup.	Halèl ñi bega nañu ko lôl.
On a récolté le petit mil.	Gob nañu dëg suna.
On va commencer à plier les tiges du gros mil.	Légi ñu rogod basi.
J'ai vu de bien belles grappes.	Gis nâ gub yu rafèt lôl.
Tout réussit cette année le mil, le riz et la pistache.	Al milè nangu na lôl, mu di dugub, mu di malo ak gérté.
Les pluies diminuent.	Ndoh mangé vañiku.
Les champs se dessè-chent promptement.	Tòl yangé vov bu gây.
La chaleur est toujours accablante.	Tangay b'angé métèndi.
Les fièvres ne sont pas nombreuses cette année.	Fébar barèul rèn.
Il y a peu de malades.	Ñi der nèv nañu.
Les moustiques me font bien souffrir la nuit.	Yo yi da ñu ma gétèn lôl ti gudi.

Français	Volof
Ils m'empêchent de dormir.	Da ñu mâ téré nélav.
En me levant je me sens aussi fatigué qu'en me couchant.	Su ma évô, da ma lota ni ba mâ teda.
Avez-vous déjà mangé des *Conis* ?	Nân ngën dëg könê'm ?
Quel est ce fruit ?	Dom i garap gilé dan la ?
C'est le jeune fruit du rondier.	Dom i ron la.
Il contient une eau très rafraîchissante.	Ndoh mu nêh a ti néka.
Aimez-vous les fruits des arbres de la forêt ?	Sopa nga dòm i garap yi ti ala bé'm ?
Ils commencent à mûrir	Ñungê dôr di ñor.
La moisson est bientôt achevée.	Ngôb angâ sutisi.
Les hommes préparent leurs greniers.	Nit ñâ'ngê dagal sèn i saha.
Avez-vous un nouveau grenier cette année ?	Am nga saha mu ês rèn
Venez m'aider à mettre le mil dans mon grenier.	Dikal, sadalé ma.
Mon riz n'est pas encore assez sec.	Suma tòl i malo ñor angul
Que dites-vous de votre moisson ?	Lo vah ti li nga gôb ?

HIVER.	NOR
Que j'étais pressé de voir la bonne saison.	Mâ'ka yakamti on nor bi.
Les pluies ont cessé depuis longtemps.	Navèt vaja na bu yâga' ngi.
Cependant l'herbe est encore verte.	Vandé ñah mängi toy-andi.
Le vent d'est l'aura bientôt desséchée.	Lëgi mboyo mi vovlô ko.
J'aime beaucoup ce vent il est frais.	Sopa nâ ngélav lôlu lôl, defa fëh,
Il nous repose des chaleurs étouffantes des mois passés.	Dèf no nopal ji tangay i vèr yi vèy.
Le vent d'est est parfois très chaud et dessèche tout.	Mboyo mi di na tanga yénakèr bé di vovlô lu nèka-
Mais la brise du soir en vient tempérer l'ardeur brûlante.	Vandé *bris* i ngòn gi di na ko séral.
La forêt est tout en feu	A la bâ'ngè laka.
Quels nuages de fumée ! Quel incendie !	Sahar salé ka méti ! dây bè ka méti !
On a mis le feu aux herbes sèches.	Da nò laka ñah mu vov mi
Qui est-ce qui a allumé cet incendie ?	Kan a tàl bi dây ?
Ce sont les chasseurs qui veulent nettoyer le terrain.	Dana yè bega sétal ala bi.

Français	Volof
Le feu n'est pas loin, car les étincelles en viennent jusqu'ici et couvrent la terre.	Day bi soréyul, ndé mernént yàngilé di dànu té di mûr sûf si.
Il peut être loin d'ici, car le vent emporte les étincelles fort loin.	Mea na fé soréy kat, ndé ngélav li di na yobu mernént yi fu soréy.
Ces incendies sont très nuisibles aux arbres.	Day yi ày nañu lòl li garap yi.
La terre est très sèche, l'eau diminue dans les fontaines.	Sûf sa ngi vov koudoñg té ndoh mi di vañaku li tèn yi.
Les bêtes sauvages doivent bien souffrir de la soif.	Défé nà rab i ala bi sona nañu lòl ndégé mar.
Elles ont à craindre les chasseurs, qui les attendent auprès de l'endroit où elles vont boire.	Da ñò ragal dana yi lèn di nég ti béré yi ñò nânsé.
C'est là aussi que les oiseleurs tendent leurs pièges.	Foà il la ñu fir mpiña yi.
Ils y a beaucoup de tourterelles et elles sont faciles à prendre,	Baré na fa mpétah yu yomba dapa lòl.
Peu à peu aussi ce pays ne sera qu'une forêt complètement déserte.	Ndanka ndanka il ala bi al'um nèn rèka la di supéku.

Un acheteur.	Dendakat.
Que voulez-vous acheter?	Lô bega denda?
Je voudrais acheter deux mètres d'étoffe noire.	Da ma bega denda ñar i métar tof bu ñul.
Voici des étoffes noires, laquelle désirez-vous? celle-ci? celle-là ou cette autre là-bas? choisissez.	Tof yu ñul yangi, ba a nga bega? bilé? am balé? am bobulé? tanal.
Celle noire foncée me convient mieux, donnez m'en; mais combien coûte le mètre?	Bu ñul kuk bilé a ma genal; dogal ma ti: vandé métar bi lu mu dar.
Un mètre coûte soixante quinze centimes, deux mètres feront un franc cinquante.	Métar bi dar na dusu ak pikini; ñar i métar ñô di ñét'i dusu.
Je n'ai pas de monnaie: voici cinq francs: changez-le moi.	Anu ma balis bu sév; derem angi, fodal ma ko.
Le change n'est pas facile maintenant: ne voulez-vous pas autre chose?	Vétit yombul légi; begu la denda lénén?
Si: donnez-moi deux feuilles de tabac et pour vingt centimes de sucre.	Ahakañ: doh ma ñar i hob i sumbu ak ñar i kopar i sukar.
Voila; un franc cinquante d'étoffe, cinq sous de tabac et vingt	Mungo'k; ñét'i dusu tof, pikini sumbu, ñar i kopar sukar. bolé yépa

Français	Volof
centimes de sucre font deux francs moins cinq; il reste donc trois francs et cinq centimes.	mò di ñar i fiftin dindi la bu tût; dès na nak ñét'i fiftin ak bu tût.
Donnez-moi une noix de kola pour les cinq centimes qui restent.	Ti bu tût bilé dès mbok, doh ma béna guru.
Le kola vaut dix centimes, mais parce que c'est vous prenez: voila vos trois francs.	Guru kopar bu réy la dar: vandé dâl ngir yov la, fabal: sa ñét'i fiftin angi.

Un emprunteur.

Lebkat.

Français	Volof
Qu'est-ce qui vous amène ici?	Lu la fi indi?
J'ai besoin de vous.	Da ma am sohla fi yov.
Parlez alors.	Vahal mbok.
Voussavez que vous seul vous êtes mon Blanc.	Ham nga né yov réka a di suma tubab.
Assurément: mais que voulez-vous?	Vav kañ: vandé dâl lò bega?
Je voudrais seulement que vous me prêtiez un sac de riz, un seul	Da ma bega dâl nga léhal ma béna sakû malò, béna réka.
Que vous est-il donc arrivé?	Lu la dot, va di?
Il y a la famine dans le pays; je n'ai plus rien à manger.	Hif gu réy angi fi rev mi; amatu ma lu ma léka.
Que m'importe!	Lu ma fi bugal?

Français	Wolof
Je vous prie seulement de m'aider; j'ai un beau champ d'arachides et je vous payerai dans un mois.	Mangi la ñân dàl nga dimali ma; suma tôl i gèrté rafèt na môs; lègi ma fèy la.
Ce n'est pas sûr.	Lef li òrul.
En vérité, ne me faites pas honte: vous êtes mon père et c'est sur vous que j'espère.	Dega, bul ma rùslo; và di suma bay té li yov là yakar.
Où demeurez-vous?	Fò deka?
Je demeure à Sine, je m'appelle Vali, mon nom de famille est Diouf.	Sin là deka, tuda Vali. santa Duf.
Avez-vous une femme?	Am nga dabar?
Oui certes, et ma famille est nombreuse.	Vav di, suma ndobot baré na.
L'année dernière, où avez-vous vendu vos arachides?	Dàv, li ker kan nga day on sa i gèrté?
L'an dernier je n'ai pas cultivé d'arachides, j'étais malade; mais il y a deux ans, c'est chez l'oncle Emile que je les avais portées.	Dàv, bevu ma gèrté, ndégé da ma dèr on; vandé dàv dèg li ker niday Emil là lèn yobu von.
C'est bien; je vais vous prêter ce que vous désirez, mais tachez d'apporter vos arachides ici, cette année: entendez-vous?	Bâh na; di na la lébal li nga ñan, vandé na nga fi yeb sa i gèrté, rèn: dega nga?

Français	Volof
Par la ceinture de mon père, je n'y manquerai pas.	Ti suma géñô bay, di nâ ko def.
D'ailleurs, ne me trompez pas, je vous surveillerai, prenez garde à vous.	Bul ma nah, ndégé di nâ la yòt ; òtul sa bopa !
Oh ! que vous êtes bon, mon blanc, merci.	Ey, yà bâh, volay suma Tubab, daradêf.

Un gageur.

Taytaylòkat.

Français	Volof
Bonjour, blanc !	Dama ngà'm, tubab ?
Bonjour, l'ami.	Dama dàl, gór gi.
Et votre santé ?	Sa yaram dama ?
Excellente, et vous comment allez vous ?	Dama dàl : dama dàl nga am ?
Bien, mon blanc par votre faveur.	Dama dàl, suma tubab ak sa barké.
Chez vous comment cela va-t-il ?	Sa ker dam ?
Tout est bien.	Dama réka.
Tant mieux, mais pourquoi êtes vous venu ici aujourd'hui.	Bissimilay ! vandé lu lah nga ñev fi tèy ?
Hélas ! mon oncle est mort hier au soir ; j'ai besoin de poudre et d'eau-de-vie.	Ey ! suma niday loru na big : da ma sohla podar ak sangara.
Avez-vous apporté de l'argent ?	Indialé nga halis ?
Non, mais faites-moi crédit, je vous en prie.	Dédêt, vandé lébal ma lèl.

Français	Volof
Le crédit est mort, il ne reste qu'à payer comptant.	Ndèy u mayé dë na ; ndèy u ndéndé rëk' a dës.
J'ai un collier et des bracelets que je mettrai en gage.	Am nà taha ak i lam yl ma taylé.
Voyons. Un collier en or et une paire de bracelets en argent.	Ma gis. Bèna taha vurus ak ñar i lam u halis.
C'est bien ; mais les soupeser à la main n'est pas sûr, je vais les peser.	Bâh na ; vandé ñagam= talu örul, di nà lèn pèsé.
Que m'avancerez-vous sur cela ?	Lô ma ti dohé ?
Je vous avancerai trente francs sur le collier et quinze seulement sur le bracelets.	Di nà la daval durom bèn'i derem ti taha bi ak nèt'i derem dàl ti i lam yi.
C'est entendu.	Bissimilay.
Si vous les laissez plus de six mois entre mes mains, je les vendrai aux enchères ; entendez-vous !	Sò lèn bayé ti suma i loho lu epa durom bèn'i vêr di nà lèn day vantèr ; déga nga ?
Oui.	Vav.
Voila le reçu et le numéro de votre gage ; allez à la boutique acheter ce qu'il vous faut.	Sa i kaièt angi ; démal ta butik ba, dénda li nga sohla.
Au revoir.	Damà'k dama.

Un traitant	Daykat
Bonjour, monsieur.	Dama ngá'm. Tubab?
Salut.	Dama dàl. gör gi.
Comment avez-vous passé la nuit ?	Dama nga fanan ?
Bien ; et que désirez-vous de moi ?	Dama rèk: lô bega fi man ?
Je viens vous prier de me confier quelques marchandises pour vendre.	Mangi la ñânsi nga d'nkal ma yef yi ma di day.
Avez-vous déjà fait le commerce ?	Xes nga dayàtu ?
Oui, j'ai travaillé deux ans à Diourbel pour Pierre Huchard.	Vav; ligéyal na Pèr Huchard ñar i at ti Durbel.
Pourquoi l'avez-vous abandonné ?	Lu tah nga bay ko nak?
Nous étions continuellement en discussion, nos caractères ne s'accordent pas.	Sá su nèka da nu dan véranté: sunu i diko dubovu ñu dara.
Est-ce que vous buvez ou bien êtes-vous marabout?	Mbar da nga nân am sériñ nga nèka?
Je ne bois pas.	Du ma nân di.
Pas même l'alcool de menthe?	Dô nân sah alcol menta ?
Oh ! pardon, et quelquefois même du cognac, mais comme remèdes seulement.	Ahakañ; té yénakèr ko ñak sah ; vandé lolu garap rèk la.
Où êtes-vous né ?	Fó dudo ?

Français	Volof
Je suis de Saint-Louis.	Dôm i Ndar là néka.
C'est bien ; toutefois je ne peux vous engager car notre maison ne veut plus de traitants.	Bàh na : ndaham menu ma la binda, ndégé sunu boroni-ker beg-atul daykat.
Oh ! essayez-moi un peu seulement, vous verrez comme je sais travailler.	Ey ! mos ma tuli dal té di nga gis né men nà ligéy bu bâh.
Je n'y contredis pas, tu sais seulement qu'il est facile de dire, mais il n'est pas facile de faire.	Védlu ma ko, ham nga né vah yomba na vandé déf yombul.
Tu dis vrai. et pourtant ma parole est juste aussi.	Vah nga dega, té ndaham li ma vah dega la it.
Que vous proposez-vous de faire ?	Lò di ébö nak légi.
Avancez-moi seulement pour deux cents francs de marchandises : je vous les payerai avant l'hivernage.	Lébal ma dàl lu day ñanènt fuk' i derem ; bala navèt ma fèy la yèpa.
Impossible !	Sañu ma ko, vòlay !
Ne dites pas cela.	Bu ko vahati.
Il n'est pas facile de surveiller un traitant. il vaut mieux faire soi-même tout son travail.	Ham nga né « omat ganar, gadu kò ko gen. » (il est plus facile de de porter une poule que de la conduire avec une ficelle.)
Vous me faites du tort.	Yangé ma tôñ kat.

| Pas du tout : allez tenter fortune ailleurs et bonne chance ! | Dédét ; démal lambatu fénén ; yal nga am mur ! |
| Au revoir. | Ti dama. |

Un Voleur.   Saṭakat.

Vous êtes triste aujourd'hui.	Yangé yogorlu téy.
Oui, certes !	Vav, di !
Et pourquoi ?	Ndégé lan ?
On m'a volé de l'argent cette nuit.	Ñu né las suma halis ḷi gudi.
Comment cela ?	Naka mu ?
Je ne sais : mais je pense que le voleur s'est blotti dans un coin de de la boutique, à l'heure de la fermeture.	Ham ! vandé défé nâ né saṭakat bi né na lola donkon big, ba ñu tédé butik ba.
Et personne ne l'a vu ?	Té kén gisu ko ?
Eh non ! la boutique est si sombre, et le bonhomme n'a pas fait le moindre bruit.	Détdét ! butik bi défa lendèm kérus, té gör gi né mik.
Ne soupçonnez-vous personne ?	Dortuvu la kén ?
Les voleurs sont très nombreux maintenant et quand ils ont dérobé quelque chose, ils s'esquivent bien vite.	Saṭakat yi baré nañu légi bé né hab, té su ñu fabé lef, ñu né bawil.
Racontez cela de suite au commissaire.	Yégal ko bu gaw komisér.

A quoi bon ? on n'attra-
pe presque jamais per-
sonne, et si par hasard
on met la main sur un
voleur, la punition in-
fligée est insignifiante.

C'est vrai ; il faudrait les
fouetter jusqu'au sang
et alors ils n'y revien-
draient plus.

Autrefois on coupait le
poignet au voleur,
dans le Siae.

C'est excessif ; néan-
moins si on les traitait
plus durement, ils se-
raient moins hardis.

Et puis vous savez, la
police regarde d'un
mauvais œil les braves
gens, car ce sont tou-
jours eux qui l'assom-
ment de réclamations,
les coquins eux ne se
plaignent jamais.

Oh, Oh ! vous allez un
peu loin: allons, au re-
voir et toutes mes con-
doléances sur votre
malheur.

Merci, mon ami, et au
revoir.

Lu ñu fañ ? du ñu da-
pa kén mak, té yéna-
kèr su ñu taral saţa-
kat, ndàn gu ţahan dàl
la ñu ko dàné.

Dega la kàt ; var on na
ñu lèn ratah bé dŝ,
ndégé « su ñu là dóré
ţa bereb, bénèn yon,
dô fa dém. (Prov.)

Bu deka ba, dan nañu
dog loho saţakat ba,
ţa Sin.

Lólu ay na ; ndaham su
ñu lèn dân kon bu mé-
tè- méti dotu ñu ñe-
mèñ lu néka.

Ham nga né komisèr, da
ñu sis nit yu dub, ndé-
gé ñôm rèka a lèn tan-
hal ak sèn kalamé ;
saysay yi ñôm ρu né
ţèl.

Ey, va di ! sa vah di té-
paral na ; ţi dama
mbok té masa yov ţi
sa ndogal.

Masa sa vala, haril,
ţi dama?

PROVERBES VOLOFS.

Tongo'l golo, lu mu bu- | Qu'importe au maître
gal borom tôl ? | du champ la bouderie
| du singe ?

Bouderie de vilain n'est à rien comptée.

Daykat i yah dèmtil da- | Le marchand d'os n'ira
nav. | pas vendre dans l'au-
| tre monde.

Où le soleil luit, la lune n'a que faire.

Ndèy u maé dë na, ndèy | Crédit est mort, acheter
u déndé rèk' a dès. | au comptant seul survit

Crédit est mort, les mauvais payeurs l'ont tué.

Nèh lamèñ ti day, nèh | Chez le marchand, bon
ndèg a ko gen | marché vaut mieux
| que belles paroles.

Bon prix vaut mieux que belles paroles.

Fas vu lapa, mò gen fas | Cheval maigre vaut
vu rèr. | mieux que cheval perdu

Peu vaut mieux que rien.

Fatfatlu du fasalé mbamsei ak i nopä'm. | Secouer la tête ne prive pas l'âne de ses oreilles.

Un sot quoi qu'il fasse, est toujours un sot.

Su dul kon data, duli ay. | Sans la culotte, le salam serait indécent.

En tout il faut sauver les apparences.

Su bidév nék'on mburu, baré ku fanrn bili. | Si les étoiles étaient des pains, beaucoup de monde passerait la nuit dehors.

A la porte où l'on donne des miches, les gueux y vont.

Mpit'angi ta bentengi vandé nhél am anga ta dugup. | L'oiseau est sur le frovmager mais son esprit est dans le mil.

Là où est votre trésor, là est votre cœur.

Fu nag néka, buki dë fa. | Où sont les bœufs, là meurt l'hyène.

Le loup mourra dans sa peau.

Ku amul ndë; nampa mäm am. | Qui n'a plus de mère, tette sa grand'mère.

Faute de grives, on mange des merles.

Mbahana mò nata sa bo- | Si le bonnet que essayes
pa té déku la. bu ko | n'est pas convenable
nata ji sa bop'u navlé. | ne le mets pas sur la
 | tête de ton semblable.

Ne fais pas à autrui ce que tu ne veux pas......

* *

Lu mpița nav-nav, dal ji | L'oiseau a beau voler il
suf. | revient toujours à terre

Qui a à perdre, perd toujours.

* *

Lu guy réy a réy, gif a | Quelque grand que soit
di ndèy am. | le baobab, il a un pé-
 | pin pour mère.

Argent ne fait pas blason.

* *

Nën u nën du rèy bu- | L'hyène ne se fait pas
ki. | tuer pour rien.

Pas de fumée sans feu.

* *

Nit ku nëka hasav na | Tout homme sent le
niv. | cadavre.

Devant la mort les hommes sont égaux.

* *

Ntula du nur ji génav | Le cérile qui plonge
u morom am du öm- | derrière son camara-
lé. | de ne fera pas bonne
 | pêche.

Tarde venientibus ossa

Baré ñëh, baré léré a ko gén. | Beaucoup de couscous vaut mieux que beaucoup de bouillon.

Mieux vaut bois qu'écorce.

Omal ganar, gadu kö ko gea. | Il est plus aisé de porter une poule que de la conduire à la ficelle.

Un aide-sot n'est qu'un embarras.

Ku ragal savor, bul di dugup. | Si tu crains les moineaux ne sème pas de mil.

Qui a peur des feuilles, n'aille au bois.

Bédin du deka sah bopa. | Les cornes ne poussent pas avant la tête,

Ce n'est pas à la poule à chanter devant le coq.

Ku sangö der, ra votu safara. | Qui est habillé d'ouate doit se garder du feu.

Qui sème des épines doit marcher chaussé.

Deka layi, du lah ng. éy. | Plaider le premier ne fait pas gagner.

Bonne attente vaut mieux que mauvais hâte.

Lô ragal-ragal, sa tât fété la génav. | Tu as beau craindre, les fesses seront toujours derrière toi.

Nécessité fait loi.

Ñu émul i tor du ñu mëhando bray. | Ceux dont la salive n'est pas égale ne mangeront pas ensemble du couscous sec.

Il y a danger à s'associer avec un plus puissant que soi.

For, ndok, débalétul. | Qui trouve un objet, dit « tant mieux » ne rendra jamais.

Chose convoitée, à moitié prise.

Mbam ma su véhé, mata, def na hëh u bay am. | L'âne qui rue et mord fait le métier de son père.

Nature fait chien chasser.

Ku rêré mpana, bô opé fandé. | Qui soupe avec du couscous de la veille, malade, ne soupera pas.

Qui s'endort sans prévoyance, s'éveillera sans ressource.

Gël, ku ko kus, toy. | Qui marche dans la mer sera mouillé.

Qui s'expose au danger, y périra.

Gân yu baré bugatul imbamse.

Hôtes nombreux importent peu à l'âne.

Le plus embarrassé est celui qui tient la queue de la poële.

* * *

Lu mpiṭa nân-nân, nân-til nân u ñey.

Quoi que l'oiseau boive, il ne boira jamais autant que l'éléphant

L'effet est proportionné à la cause.

* * *

Yuhólu mbam tahtil ko day ni ngelem.

L'âne qui se dresse sur ses pieds n'atteindra pas pour cela la taille du chameau.

Quoi qu'on dise, un ânon ne deviendra qu'un âne.

* * *

Haḍ bu sesul du boy.

Le chien qui n'est pas en sureté n'aboie pas.

Fu ḍinah yabé mûs, mpah a fa ḍégéñ.

Où la souris brave le chat il y a un trou tout près.

Fu sindah yabé ndobin, garab a fa ḍégéñ.

Là où le lézard se moque du dindon il y a un arbre à côté.

Qui se moque des chiens doit être hors du village.

* * *

Ndanka, ndanka dapa golo. | Fais doucement, doucement, tu attraperas le singe.

Patience vient à bout de tout.

*

Ku nga né : oka ma, du la oka fu la nèh. | Celui auquel tu dis : gratte-moi, ne te grattera pas où tu voudras.

On n'est jamais si bien servi que par soi-même.

*

Sa ndogal u morom génta la. | Mal d'autrui n'est qu'un songe.

*

Ku sa begé baré, sa ngor nev. | Beaucoup d'ambition, peu d'honneur.

LÈB.

Golo' k Ndombor.

Béna bès golo né: men nà déki ṭa lelek
bè dènta so, té du ma okatu. Ndombor né ko:
Man iṭ, men nà déki ṭa lelek bè dènta
so, té du ma bénaku.

Ba ñu déké ṭa lelek bè dig'u beḷek, golo
bega okataku, té amul mèna mpèhé. Mu né
ndombor: « Ba ma dèmé ṭa haré ba, ñu dam
ma bal filé, ñu dam ma bal falé, ñu dam
ma bal fulé. » Fu mu voné ṭa yaram am
né, dam nañu ko, mu okataku fa.

Ndombor iṭ beg' on na hénaku, té amul
mèna mpèhé. Mu né golo: « Man iṭ, ba ñu ma
dakhé ṭa haré ba, ma teb, dal filé, ma teb,
dal falé, ma teb, dal fulé. » Môm iṭ, fu mu
teb, dal ṭa, ba mô naṭali, mu sènu fu soré.

Lolò tah ñu né: golo menul a déki ṭa
lelek bè dènta so, té okatuvul; ndombor iṭ
menul a déki ṭa lelek bè dènta so té sènuvul.

UNE FABLE.

Le singe et le lièvre.

Un jour le singe dit : Je puis rester depuis le matin jusqu'au coucher du soleil sans me gratter.

Et le lièvre de dire : moi également, je puis rester depuis le matin jusqu'au coucher du soleil sans me retourner

Ils se continrent depuis le matin jusqu'au milieu du jour : le singe voulut alors se gratter et... pas moyen.

Il dit au lièvre : « quand je faisais la guerre, ici, je fus blessé d'une balle, là, je fus atteint d'une autre, là d'une autre encore, » et à chaque endroit de son corps qu'il montrait en disant « je fus blessé » il se grattait.

Le lièvre lui aussi voulait tourner la tête et... pas moyen. Il dit donc au singe : « moi de même, étant poursuivi à la guerre, d'un bond je retombais ici, d'un autre je retombais là, d'un autre je retombais là bas » et tout en racontant il sautait, retombait et regardait au loin.

C'est pourquoi on dit : un singe n'est pas capable de rester du matin jusqu'au coucher du soleil sans se gratter, tout comme un lièvre est incapable de rester depuis le matin jusqu'au coucher du soleil sans regarder de tous côtés.

TABLE DES MATIÈRES

VOCABULAIRE.

Corps célestes.	1
Corps terrestres.	2
Phénomènes.	id.
Saisons.	6
Jours.	id.
Division du temps.	id.
Divison géographique	8
Substances minérales.	9
Végétaux.	10
Eau.	13
Genre humain.	14
Corps humain.	15
Accidents et propriétés du corps humain.	18
Maladies, accidents.	21
Sens.	24
Facultés de l'âme, sensations, vertus et vices	25
Degrés de la vie.	37
Vie civile	38

Habits. 42
Habitations. 42
Repas. 45
La boisson. 47
Remèdes et opérations médicales. 48
Société politique. 48
Principales fêtes de l'année. 49
La Religion. 50
Lieux et objets du culte. 51
Agriculture. 53
Instruments d'agriculture. 53
Commerce. 54
Artisans. 56
La guerre. 58
Exercices d'agrément. 59
Les mammifères. 61
Les oiseaux 63
Poissons, coquillages. 65
Insectes. 66
Reptiles et sauriens. 67
Cris des animaux. 68
Demeures des animaux. 69
Nombres. 70
Nombres ordinaux. 72

CONJUGAISONS.

Le verbe ÊTRE conjugué avec des substantifs.   *affirmativement.* 73
      négativement. 79
Le verbe impersonnel C'EST. *affirmative* 82
  —   *négativement.* 83
Le verbe ÊTRE conjugué avec des qualificatifs.   *affirmativement.* 84
  —   *négativement.* 86
Verbes qualificatifs. *affirmativement.* 88
  —   *négativement.* 91
Verbes d'état et d'action *affirmativement.* 93

PHRASES ÉLÉMENTAIRES.

Pour saluer et demander des nouvelles 98
Le temps 99
Boire et manger 101
Pour questionner et répondre 102
Le soir 105
Aller et venir 106
Pour acheter différents objets 107
Chez un cordonnier 109
Pour s'informer d'une personne. 110
Pour s'informer du chemin. 111

Pour s'embarquer. 114
Adieux. 115
Rencontre d'un ami. 116
Les poissons. 118
Ordre pour le dîner. 120
Le feu. 121
Avec un tailleur. 122
Même sujet. 124
Le déjeûner. 126
Une blanchisseuse. 128
A table. 130
Avec un médecin. 132
Même sujet. 134
Pour engager un domestique. 135
Printemps. 138
Été. 140
Automne. 142
Hiver. 144
Un acheteur. 146
Un emprunteur. 147
Un gageur. 149
Un voleur. 153
Proverbes volofs 155
Une fable. 162

Imprimerie de S. Joseph de Ngasobil
(Sénégal)

OUVRAGES en langues indigènes
édités
par la Mission catholique
DE SAINT JOSEPH NGASOBIL (Sénégal

APERÇU DES PRIX.

DICTIONNAIRE   français-volof   5 fr. «
DICTIONNAIRE   volof-français   5.   «
DICTIONNAIRE   français-sérèr   3.   «
GUIDE   français-volof-diola-sérèr   3. 50
GUIDE   français-volof   2. 50
BIBAL BU TUTI (Histoire sainte
   en volof, illustrée)   1.   «
NOUVEAU TESTAMENT illustré
   en sérèr   1.   «
ṬABI' ALḌANA, (Manuel de piété
   en volof)   1. 50
ÑROY'UM YÉSU-KRISTA (Imitation
   de Jésus-Christ en volof) 1.   «
RECUEIL de CANTIQUES en volof 1.   «
CATÉCHISME en français-volof   0. 50
CATÉCHISME en sérèr   0, 50

En vente également dans les Missions de
SAINT-LOUIS, THIÈS, RUFISQUE DAKAR, GORÉE,
CABABANE, ZIGUINCHOR, SÉDHIOU et BATHURST.

www.ingramcontent.com/pod-product-compliance
Ingram Content Group UK Ltd.
Pitfield, Milton Keynes, MK11 3LW, UK
UKHW021215140726
13695UKWH00002B/547